人生が思い通りになる

出会いの魔力

超・魅力的な人脈をつくるたった1つの習慣

Yousuke Shionagi
潮凪洋介

ビジネス社

「たったひとつ」のことを徹底的に大切にする
それだけで〝今〟が大きく変わる！

収入が上がる
イヤな出来事が「なかったこと」になる
ビジネスパートナー、恋愛・結婚相手と出会える
「味方」が増える
仕事のストレスが洗い流される
楽しい趣味が増える
イヤな人との縁が切れる
小さなことにクヨクヨしなくなる
視野が広くなる
新しい発想力が育つ
度胸がつく

すべてがうまく回り出す！

人生が大きくグレードアップし、
やる気に満ちた毎日が訪れます！

プロローグ

出会いこそ最強の
ストレス解消法である

「本を書いたり、文章学校を運営したり、さらに、塾や交流会の開催をしたりしていて、とても忙しいですよね？　それなのにストレスが溜《た》まっているように見えません。なぜですか？」

多くの人からこのような質問を受ける。これ以外に「疲れませんか？　どうしてそんなにタフなんですか？」という声も多い。相手は主に、忙しく毎日を過ごす30代～40代の会社員の方である。日々の仕事のストレスをなんとかしたい様子でもある。

私がなぜストレスを溜め込まないか？　その答えはとてもシンプルである。

「魅力的な人々と、毎週、いや毎日のように出会い続けているから」

ただ、これに尽きる。

そう答えると、相手はたいていきょとんとした顔をし、「毎日、人と出会ってばかりで疲れませんか？　かえってストレスも溜まるのでは？」と、私の顔を覗き込む。しかし、私は力強くこう答える。

「魅力的な人と出会い続けていると、疲れるどころか生きるパワーをもらえますよ」

魅力的な人との出会いは、言ってみれば食べても太らないヘルシーでおいしい食事、あるいは吸えば吸うほど元気になるようないい空気、やればやるだけ体にいいスポーツのようなものである。これぞ、私の確信である。

ここで言う「魅力的な人」とは、明るくすがすがしい雰囲気を持ちながら、外見やファッションにも最低限以上の工夫が見られ、さらには仕事やプライベートで自分が輝く舞台を持っている人のこと。そして、女性なら女性らしさを放ち、男性ならば男性らしさを醸《かも》し出している人。つまり、異性からも同性からも関心を持たれやすい人と定義させていただきたい。彼らとの時間は、やればやるだけ体にいいスポーツのような、いいこと尽くめの健康法の実戦時間とでも言おうか。

このようなライフスタイルがつくれるかつくれないか？　それにより人生はまったく変わる。とにかく上機嫌で過ごす時間が絶対的に長くなり、ストレスを感じながら過ごす時間が激減するからだ。

魅力的な人と会わない、もしくは出会わない生活が10日以上続くと、私はとたんに具合が悪くなってしまう。まるで便秘になったかのような、重苦しく、不快な気分に襲われるのである。心に澱《よど》みが蓄積されはじめ、黄色信号が点滅する。そこであわてて魅力ある人との接点を探し、心の健康を取り戻す。この繰り返しにより、私はいつも曇りのない心を維持している。出会った人の魂からエネルギーを摂取して自分の栄養分にし、同時に心の老廃物もデトックスしているのだ。魅力的な人と過ごすだけで、エネルギーが摂取できるだけでなく、悪いものが体外に排出されるのだ。ここで言う「悪いもの」とは、自分を不幸にする思考習慣、行動習慣などである。魅力的な人と過ごすといかに自分が「よくない思考」をしているかに気づかされる。たとえばそれは、本来不要な自己嫌悪であったり、後ろ向きな言葉であったり、余裕のない怒りっぽい心や、感情的になりやすい心の状態のことである。

私にストレスがない理由。厳密にはストレスが発生してもそれが心にこびりつかない理由。その真実がここにある。「出会い」のときめきが、気持ちを後ろ向きにさせる要因を追い出してくれるのである。イライラやクヨクヨ、心配事、あるいは悪意や不義理、裏切りによってこうむった心の傷やいら立ちを洗い流してくれる。代わりに栄養分たっぷりのエネルギーが注入される。

そのエネルギーとは、魅力ある人からもらった興奮、そして未来への希望、人間関係への希望である。人生は楽しく、興奮と愛と友情に満ちている！　そう信じ切れる思考に矯正される。だからストレスが心に淀まないのである。

これはたとえれば、「水の流れ」に似ている。川を思い浮かべるとわかりやすい。川は上流から新しい水がどんどん流れ込む。だから水が澱まない。常に循環し、有害物質が溜まらない。魚などの生物も健康に生きられる。魅力的な人間と出会う生活は、これとまったく同じ仕組みである。心は常に透明で、人に対する執着がない。しかし、そこには出会えた感謝だけが存在し、頬に心地よい風が吹き続けている。そのような魅惑的な日々が流れていく。そして当然のことながら寂しくない。たとえ無礼な誰かにイラっときたとしても、新しい出会いがある。それらがイヤな思いをすぐに洗い流し、なかったことにしてくれる。それゆえ、たとえ嫌いな人がいても悶々《もんもん》としたり、恨んだり、心が引っ張られたりすることがまずない。少し時が経てば、そういうイヤな人の存在を思い出しすらもしない。

瞑想、座禅、アロマテラピー、スポーツ、おいしいものの食べ歩き、ドライブ、睡眠……私はこれまで、ストレス解消のためにあらゆることを試してきた。しかし、そのどれも100%の改善はなく、さらには心に栄養を補給することは難しかった。けれど、圧倒的に効果が見られたのが、「魅力ある人と出会い続ける生活を送ること」だったのだ。

私はかつて、こんな事態に陥った。今から4年前のこと、ありがたいことに出版の依頼が相次ぎ、同時にそのほかの仕事も多数いただいていた。それらを少人数で受けていたので、会社は尋常ではなく忙しくなっていった。執筆活動や仕事をこなすためには、人と会う時間を削るしかないと私は考えた。そしてとにかく「ひとり時間」を増やすようにした。部屋にこもって、1カ月ほど執筆に専念したこともある。

しかしこの間に、私の心の中にはヘドロのような、ストレスの塊がドロリと蓄積していったのである。その原因は、ほんの些細《ささい》なことばかりだった。仕事のミスが重なったことによる自己嫌悪や、人間関係のちょっとしたすれ違いによるショック、著書の売れ行きがよくなかったことに対する自責の念など。それらのことが心にこびりついて離れなくなったのである。自分に向き合うことは、たしかにとても大切なことだし、作業の効率化がはかれることもある。

しかし、**自分と度を越して向き合いすぎるのも考えもの**ということだ。

やがて、鉛のように重くなった心が、体調までも蝕《むしば》みはじめた。胃をはじめとする内臓が常に重く感じられた。なのに、ストレスを解消しようと暴飲暴食を繰り返し、とくに甘いものを食べるようになった。そこからは悪循環の連続。とうとう高血脂症になった。動脈硬化、脳卒中、心筋梗塞《こうそく》の原因となる生活習慣病だ。

「このままいくと、50代で死にますよ」

医師からはそう言われた。

「このままではいけない。でもどうすれば……？」と悩み焦る自分を救い出してくれたのが、遊びの先輩であった。週末、夜の街に連れ出してくれたのだ。それからは、人生を楽しく前向きに生きる人々と新たに出会い、共感し合い、未来を語らうことができた。魅力ある人との出会いを重ね、楽しい時間、そして一体感を補給したのである。

１カ月後、私の心に溜まっていた老廃物はキレイに洗い流され、スッキリとした心を取り戻すことができた。少々睡眠不足になったり、出費がかさんだりもしたが、そのぶん心はクリアになった。あのヘドロのようなストレスはどこにもなくなった。心の環境破壊は見事に改善されたのである。仕事にもおおいにプラスに働いた。自分の体験の数々、さらには過去に感じた感情の形や色、さまざまなビジネスセオリー、人生訓が明確になり、心のなかの「絵」を鮮明に拾い上げて文字にすることができた。結局、これにより文章の質を高めることができた。しかも、ありがたいことに本は売れに売れた。

また、活動を通じて出会った方から、新しい仕事の相談を受けるようになった。仕事で行き詰まったときに、気軽に話せる同業者の新しい友人も増えた。旧友との時間も復活し、フレッシュな語らいの時間を持つことで、落ち込んだ心を回復させることができたのである。

「魅力的な人ととにかく出会い続ける」

この身近な「心の療法」をぜひ試してみてほしい。もしこの先、疲れきったり、傷ついてふさぎ込んだりしたときは、とにかく魅力的だと感じる人と会って、ほんの数分でいいから語らってほしい。そうするだけで、心のなかは澄み渡り、晴れやかな顔に変わっていくだろう。その後、あなたの心にはすがすがしい風が吹き抜ける。

出会うべし！　されば救われる！

生きることを楽しみ、自分を向上させ、同時に周囲を幸せにすることが好きな人は、実は街のいたるところに溢《あふ》れている。彼らはストレスや自己嫌悪に決して負けない。しかも魅力ある人は似た者同士でグループをつくっている。そのグループに属する人々が、特定の店やコミュニティ、イベントや勉強会、スポーツの集いに複数で連れ立って顔を出す。そういう人がいそうな場所、あるいは集まりそうなイベントに顔を出し、心を無にして語らい、彼らのエネルギーを摂取する。それだけで、あなたに生じたどんなストレスも、そこに居座ることはできない。あとは栄養分たっぷりの豊かな時間を刻み、そして人生を積み上げることができる。

もちろん、この魔法を信じるか信じないかはあなた次第。

また、この方法が合うか合わないかもあなたの体質によるだろう。でも、とにかくやってみなければ、合うも合わないもわからない。

まずは一歩を踏み出す勇気にぜひ火をつけてほしい。

人生が思い通りになる
出会いの魔力

もくじ

第4章

人生と心が豊かになりストレスが消える「人脈・仲間・友達」の見つけ方

第5章 人生楽しいことばかり！ 異性からモテる人間関係のつくり方

第6章 なりたい自分に近づく、人とのつながり方

第7章　思い通りに事を運ぶための人間関係の築き方

STAFF

装丁＋本文デザイン……神長文夫／伊地知未来
DTP……WELL PLANNING
編集協力……柴田恵理

第1章

人と会う

――ただそれだけで「ストレス」は限りなくゼロに近づく

人生は出会いが10割

人生は出会いが１００％だ。

そんなことを言うと少々大げさに感じる人もいるだろう。

「出会いなんてなくても、ひとりで努力していれば十分やっていける！」

「出会いに頼るな！　自分を鍛えなければ成長はない！」

そのような主義の人もいる。たしかに私もそう思うところもある。ひとりで努力してきた時間が長いほうだからである。たったひとりで、逃げずに書き続けたからこそ、50冊以上の本を世に出すことができたと思っている。また、それによって生活の基盤だけでなく、生きる意味や自信など、実に多くのものを得た。

私だけではなく、一芸に秀でた人や「専門」と言えるものを持っている人は、ひとり時間を持つことにより、当然だが多くのものを手にすることができる。お金、好きな仕事、仲間、ストレスのない人間関係、望み通りの住処、部屋、車、服、趣味など。出会いをあてにせずにひとりでコツコツ努力をし、知識を身につけることが、成功を呼び寄せることにつながるのだ。

しかし、実は、**人は常に「出会い」に支配されている。**この事実はくつがえせない。

私の場合で言えば、「本を書く」というのは、一見ひとりでできる仕事のように見える。しかし、まずは編集者さんとの出会いがある。編集者さんが「潮凪洋介に本を書かせたい！」と思わなければ、私の本は世に出ない。さらには読者の方と出会い、共感をしてもらうことなしには本は売れない。本が売れなければ、次の仕事もこない。だから、私にはひとりよがりの意見を、頭ごなしにそしてあたかも唯一の正解であるかのように述べてはいけないと思っている。

読者の方には、私の本を読んで自問自答し、自分の心を確かめ、そして人生をつくってほしい。そういう意味で、私は「セコンド」の役目をし、「黒子」として、考え方のヒントを投げかけることが大事であると考えている。そのためにはなによりもまずさまざまな人と会って、語らう必要があるのではないだろうか。

それに、私自身、ほかの方に憧れてこの仕事を目指した。中谷彰宏さんのような先輩著者に影響を受け、「この仕事をしたい！」と思ったのである。

このように、人から受けた影響によって、一生の、そして自分の身を立てるような専門分野と出会うケースが多数ある。一見自分で見つけ、頑張ってきたかのように思えることも、実は誰かがもたらしてくれた筋書きであることのほうが多いのである。直接関与している場合もあるかもしれないし、「憧れの存在」といったように間接的な関与によるものかもしれない。

試しに今のあなたを取り囲むものの一つひとつを思い返してみよう。仕事の内容や立場、友人関係、恋人または配偶者、住んでいる家、車、好きなもの、さらには教養や感性、経験など、なぜそれらがあなたのそばにあるのか？　何をきっかけにあなたが手にしたのか？　それを思い直してみよう。すると、それらがことごとく誰かの影響によるものであることに気づくはずだ。恋人、パートナーもまた誰かが仲介しているだろう。食事会や会社で出会ったにしても、誰かが出会いの場を設けてくれたからにほかならない。

今の仕事も、会社が採用してくれたからこそできることなのだ。あなたが没頭している趣味は、友人からの何気ない誘いがきっかけではなかったか。趣味にのめり込んでいったのは同じ趣味仲間との出会いによるものが大きくはないだろうか。

そう考えると、人生は「出会い」で決まるという意味もわかってもらえるのではないだろうか。

だからこそ、**出会いは「受け身」ではいけない。**与えられた世界に留まれば、たまたま居合わせた世界での出会いしか手に入らないのである。

もっと心のレーダーが反応する場所に出て行こう。「自分がいいな」と思う方向に自らを連れて行くことで、一歩ずつ憧れの生活に近づいていける。最初はストレスを感じたり、場慣れしなくて疲れたりすることもあるだろう。でも、はじめは誰でもそんなものである。いつか、出会いの場所で鼻歌を歌って楽しめるくらいになるまで、緊張が麻痺するまで行き尽くそう。たとえ、何も得られなくとも心配はない。その場を楽しめればいいからだ。

楽しいだけで丸儲け！

楽しむことは人生の立派な目的のひとつである。そして癒しにもなるし、エネルギーの注入にもなる。

人と出会い、語らうことで視野は大きく広がる。そのことにより、なにか問題にぶち当たった時にも選択肢が広がり、いろいろな角度から発想ができるようになる。密室で本ばかり読んでいる人にはなし得ない人生のシナリオが展開される。

本を読むことはもちろんよいことだ。しかし、「本だけ」の生活は絶対におすすめしない。

本を鞄《かばん》のなかに入れて外に出て、人と出会おう。

あなたの人生はすべて出会いがつくったものである。

その「出会い」を大切にしてほしい。視界の外に飛び出て、出会いを探す勇気。新たに出会い、つながる勇気。それが1年後、2年後の人生の「景色」を決めるのである。

仕事のストレス――9割が出会いで消える

さて、あなたは仕事で生じたストレスをどのようにして解消しているだろうか？家に帰って眠る、ジムで汗を流す、酒を飲んで騒ぐ、マッサージやサロンに行く、異性とデートする、料理をする……など、いろいろなストレス方法があるだろう。

ストレス解消は生きている限り、ずっとつきまとうセルフケアといっても過言ではない。

私の周囲にいる人々も「出会い」による心の掃除、そして心のチャージの効果を絶賛している。**「出会いの先には未来があり、希望がある」**これこそ誰もが口にする本心である。「出会い」と言っても、鼻の下を伸ばして、出会った異性を片っ端から口説きまくる、という意味ではない。ここで言う「出会い」とは、恋愛を指すだけではない。人間として魅力的な人と、仕事や趣味、遊びやスポーツを楽しんだり、さらには影響を与え合ったり、笑い合ったりする関係をつくるということだ。自分自身を磨き、人生の向上を楽しむことを意味する。

さて、ここで心身のストレスや疲れの話題に戻そう。体の疲れは、眠れば癒《いや》せる。しかし心のストレスは、なかなかそうはいかない。ストレスが溜まりすぎると逆に眠れなくなることもある。体の疲れはなくなっても、心が疲れている限りストレスが消えることはない。あなたにも経験がないだろうか？　正月にたっぷり休んだのに、仕事のことを考えると憂鬱でまったく身も心も元気にならない。無気力になり外出する気持ちすら起きない。私にはその経験がある。迫り来る休み明けがイヤでイヤで、そのことを考えるだけで体中がだるくて仕方ないときがあった。

しかし「いい出会い」がこれを解消した。身を裂《さ》くようなストレスさえもしっかりと癒してくれた。20代の頃、2社目の会社で私はまるで〝ボロぞうきん〟のように扱われていた。会社側は「早く辞めてほしい」と思っているようで、上司は死にものぐるいで攻撃をしてきた。けれど、私は必死にしがみついていた。クビになるわけにはいかないと、歯を食いしばって耐えた。終業後、会社を出る頃には廃人のようになっていた。

しかしである。どんなに叱られて心がズタボロになっても、その後に飲み会やイベントや楽しい集まりがあるときは、まったく違った。会社を出て、電車に乗った瞬間、私は望まずとも自動的に「別人」に生まれ変わることができた。飲み会の会場が近づくごとに、私は精悍《せいかん》な顔つきと落ち着きを取り戻し、体中の血行がよくなるのを感じた。そして、「はじめまして！　今日は楽しみましょう。乾杯！」と言う頃には、元気１００％の心と体に戻っていたのである。ストレスは消え、会社で起こった悲劇は、完全に他人事、しかも別次元の絵空事のようになっていた。私はその数時間に集中し、命の炎を燃やした。一瞬一瞬生きている実感を体で感じながら、思い出を刻み込んだ。

出会いには、とてつもないパワーが秘められている。**たとえ不遇の1日を過ごしたとしても、出会いがその後の未来をパラダイスに変えてくれる**のだ。

もし会社で怒られたまま、まっすぐ家に帰っていたら、こうはいかなかっただろう。「何がいけなかったのだろう？」とくよくよ反省をし、自分を責め、人生の時間、そして生きることを楽しむエネルギーをムダに消費していたに違いない。

もちろん先に書いたようなレジャーがすべてではない。心をときめかせる出会いであれば何でもいい。私の場合、20代のアフター7が出会いで埋め尽くされたおかげで、たとえどんなに会社で叩かれてもストレスは溜まらず、スッキリと晴れやかな気分が維持できた。社外に出会いを求めたのは、会社での境遇の反動からかもしれない。しかし、出会いにより私は本当にたくさんのものを得ることができた。とくに未来をつくる秘密兵器をたくさん得ることができた。自分が本当にやってみたい仕事に近づくための情報が手に入った。さらには世の中のさまざまな仕事の実態を知ることで、将来の仕事の形を思い描くこともできた。またどのような人とどう組んで、いかに仕事をすればビジネスとして成立するのか？　なども柔軟に検討することができた。もし、会社からの叱責を真に受けてストレスを抱えたまま縮こまっていたら、それらを得ることは到底難しかっただろう。

出会いがストレスを消してくれるのは当たり前のこと。さらには未来をつくるために必要なたくさんの資材を運んでくるのである。

心を疲れさせる人との時間は1分でも短くしよう

「惰性」という言葉がある。物体運動の世界では「慣性の法則」とも言う。一度同じ方向に動きはじめたものは、その運動を自動的に維持しようとする作用が働く。

そして、人間関係でもこの法則が当てはまる。「これまでのつき合いがあるから……」という理由だけで、長いこととつき合いを続ける人が大勢いる。ストレスに耐えながら会い続ける。

ここでは、そこからの脱出方法についてお話しししたいと思う。

「一緒にいるとなんとなく不快だし、息が詰まる」

「本当は会って食事をしたり、相手の話を聞いたりするだけでげっそりする」

しかし、なぜかその心の反応を無視してしまう。そして誘いを断れないのである。

これでは、ストレスが溜まるだけである。

なぜ人はそんなことをしてしまうのか？　惰性とは恐ろしいもので、本来、休日やオフの時間は心を癒し、明日を生きるための活力を充電するためのものである。にもかかわらず、そこに先にお話しした「惰性の関係」を割り込ませて、かえって余計なストレスを溜めてしまうのである。これでは何のためのオフかわからない。

別に長いつき合いを否定しているのではない。

ストレスの溜まるつき合いを無理して続ける必要はない、ということだ。

「何が何でも」という言葉がある。「たとえどんなことがあっても」という意味である。

たとえば、誰かから誘いを受けたとき、自分の胸に手を当ててみよう。キューっと痛い、あるいはなにか不快感を覚えるならば、それは何が何でも断ろう。会社の上司や同僚、後輩、取引先の人に飲みに誘われたとき、「ああ、またどうせグダグダと愚痴を言い合うばかりで、心のなかで『鬱陶《うっとう》しいな』と思うだろうな……」そのような感情が湧き上がってくるようなら、何が何でも断るのだ。「ちょっと家族の行事があって」「その日は趣味の集まりがあるもので……」「最近、何かと忙しくて……」など、断る言葉ならいくらでもある。

時間が永遠にあると思ってはいけない。あなたのオフタイムは貴重な1分、1秒である。そこにどのような人との時間を組み込むか？　それを出会いの時間としてどう活用するか？　を真剣に考えたい。

オフタイムはなるべく「快楽」で心を癒そう。

1秒1秒が貴重な人生の時間なのだ。あなたはその時間のオーナーだ。心を疲れさせる人との出会いを減らし、代わりに「心に元気を与えてくれる人」との時間で埋めつくす。

できれば、イヤな人からの誘いがこなくなるように、会いたい人との予定をびっしりと入れてしまうのだ。会うとすがすがしい気持ちになる人々との時間を優先する。そうすればあなたの心は自然に、そして容赦なく彼らと同じ方向に向かいはじめる。

「会社の人間につき合いが悪いと思われないだろうか」というようなためらいを感じる余裕もないくらい、新しい未来に心を奪われるだろう。ストレスの溜まるような約束を彼方《かなた》に追いやれる。特に罪悪感を感じることもなく、「あ、ごめん。先約が入っているから」と断れる。そのうち、「あの人はいつも△△で忙しいから、誘うのはやめよう」と、相手にあきらめてもらえる。

もし「じゃあ、いつが空いているの？」と聞かれても「△△の予定が入るかもしれなくて……」「忙しすぎて、日程をなかなか約束できない」というような言葉を用意しておけばいい。

自分の人生、自分の時間、自分の心、そして自分の顔の表情を大事にしよう。

心を疲弊させる相手との時間を減らす。

そこから、自分を大切に生きる人生がはじまるのだ。

人間関係の悩みを「なかったこと」にする魔法のスイッチ

この社会は「人間関係」で悩む人のオンパレードだ。満員電車のなか、職場、あるいは家庭でも、誰もが悩みを押し殺している。もの言わぬまま、人間関係の悩みを抱えて日々を送っている。悩みすぎて心が壊れてしまう寸前の人もいれば、うまく心をごまかし苦しみを麻痺《まひ》させている人もいる。あるいは、敵と真っ向から戦うために臨戦態勢になる人もいる。

そのようななか、人間関係の悩みをうまく切り替えて「なかったこと」にしてしまう人がいる。彼らは注目に値する。なぜなら、彼らこそ、生涯を通じて快適に生き長らえる人々だからだ。いつでも「心スッキリ」、まさに本書のテーマの見本のような生き方をしている。

実は世の中で「できる！」と言われるタイプの人は、人間関係の悩みを「なかったこと」にする達人だ。

なぜそのようなことができるのだろうか？　その答えはズバリ、成果を出すことに集中しているから。彼らは、まるで「機械」のように無心でひとつのことに没頭できる。

そもそも彼らには必要以上に悩むということは許されない。彼らは常に「火事場の馬鹿力」を発揮し続け、目の前の仕事に集中することでストレスを抹殺しているのだ。彼らに言わせれば**「悩んでいるヒマなどない」**のである。実は私自身も長らくこのような過ごし方をしてきた。

あなたがもし、クヨクヨ悩むタイプの人間だったとしても、それを悔やむ必要はない。そんな自分の殻を脱ぎ捨てる方法がある。

ちなみに20代の頃の私は、会社の仕事に集中し、成果をあげられるタイプの人間ではなかった。正確に言うと、すべてを賭けてもいいと思えるような仕事に就けていなかった。先にも書いたが、毎日怒られ、嫌がらせもされ、やられっぱなしだった。でも、どんなに怒られた後も、私は会社でのイヤな出来事を「なかったこと」

にしていた。年間約300回、4年間で約1200回、切り替えることに成功していた。そういう意味で、私は超人級にストレスを「なかったこと」にする達人だったと言えるだろう。

会社を一歩出れば自分を取り戻し、やりたいことにまい進し、未来のためにやるべきことを摸索していた。恋愛も友情も夢も、これ以上ないと思えるほどに味わい尽くした。

なぜそれができたか？　私にはひとつの目標があったからだ。それは、「会社外につくった社会人クラブを日本一にする」というものだった。だから、はっきり言って会社で起こったことなどどうでもよかった。私にとって、社外で本気になって取り組むべきことが「心の切り替えスイッチ」となっていたのだ。

上司からしたら、私は「けしからんやつ」に思えたに違いない。なぜなら、叩いても叩いても、翌日はスッキリとしたすがすがしい顔で「おはようございます」と出社するからだ。

本を読むよりも、誰かの講演を聞くよりも完全な自分になれる、納得できる刺激的な場所。社会人になっても余暇や生きることを楽しむためのクラブ。そのクラブをこよなく愛し、自分の余暇のすべてを捧げ、イベントや勉強会などを頻繁に運営していた。

この手の活動は、本気でやれば起業につながるものであった。ひとりの人間として完全燃焼し、友情や恋愛を育み、夢を描き、本当の自分を探すための、有用な舞台ともなった。就職した会社で自分の実力を発揮できなくても、自信喪失することなどない、心を守るための「エスケープゾーン」でもあった。

「20代の大事なときに、仕事で自分を鍛えるべきではないのか」そんな叱咤《しった》を受けたこともある。もちろん、会社の仕事で自分を鍛えられる人はそこで鍛えればいい。

しかし、私のようにそのような環境にいない場合もある。会社の人間関係、給料、仕事への興味、意欲、そのすべてが良好ではない。そのような人は自分を潰さないために、「避難場所」を探そう。さらには、その避難場所で情熱を抱き、努力し、没頭できることを見つける。そして、会社では得られない、魅力ある人とのつながりを持つ。

このような生き方はもしかすると「王道」ではないかもしれない。目の前の仕事に集中することが大事、という考え方が主流かもしれない。しかし、このやり方は決して「逃げ」ではない。れっきとした未来、キャリア、そして人生のつくり方のひとつであり、心を快適に切り替えるための「スイッチ」でもある。

人間関係の悩みが吹き飛ぶ圧倒的な世界を社外につくってみよう。

そうすれば、悩みに悩んで心を病むことも、貧相な表情が刻まれることも、暗黒の期間をつくることからも免れられる。会社で凹んだ気持ちも一瞬で切り替えることができるだろう。新たな人脈を築ける「魔法のスイッチ」が持てるのだ。

攻撃や嫌がらせを受けている最中も、あなたの人生は刻々とタイムリミットへ向かっている。その間、社外で後悔しない人生をつくったほうが断然得策なのだ。

会社の〝しがらみ〟に疲れたらやるべきこと

この国のビジネスマンは、ある「特殊な病気」にかかっているように思う。それは、会社の人間関係がうまくいかないだけで、人生そのものの人間関係まで絶望視するという病気だ。まじめに働く人ならば誰でも心あたりはあるはずだ。なぜか「仕事場で起こったこと」と「自分の人格」や「人生」を切り離して考えられないのである。

前の日に職場で起こったショッキングな人間関係の摩擦を思い出し、クヨクヨ悩んではいないだろうか？　そして「どうして自分はこうなんだろうか？」と自分の性格を責めていないだろうか？　この「自分は……」という認識が誤りの根源だ。仕事ではとにかく業務をやり遂げる、会社での人間関係は穏便に。それらを優先するが故に、たとえ腸《はらわた》が煮えくり返るような出来事があっても、ひたすらやり過ごす。

上司に対して納得いかないこともある。それでも心を殺して我慢する。この繰り返しにより、本来の性格など簡単に曲げられてしまう。

それなのに「自分があのときキッパリと言えたなら……」とか「どうして自分はきちんと主張ができないんだろう」と、自分の性格にばかり反省の矛先を向けてしまう。本来は、**仕事場で起こったことは仕事場でのこと、そして仕事場での自分は別人格の自分**。このように分けて考えるべきなのである。

そもそも会社は、人生の1ステージにすぎない。会社は、本来賃金を稼ぐための場所だ。必ずしも自分の存在や人生のすべてを賭ける場所ではない。もちろん、人生すべてを賭けたいと思う職業に当たる人もいるだろう。しかしそれはほんの一部にすぎない。それなのに、会社や仕事に自分の人格を一体化させてしまう人がいる。

仕事上で自分を責めたくなるようなイヤなことがあったときこそ、仕事とプライベートをキッパリと切り離そう。

「何を言っているんだ！　会社でうまくやれないヤツが会社外でも上手《うま》くやれるわけがない」――「目の前の仕事と人間関係から逃げずに極めるんだ。その先にこそ勝利がある」「逃げるな！」「そんなのは敗者の言い訳だ！」

目の前の仕事に全人生を賭けた人ほど、そのように反論してくる。だが、それは唯一の正解ではない。数多くの正解のひとつに過ぎない。

「うまくいかないときは会社の仕事と自分を切り離し、社外で別人になって別世界を築け」「会社の人間関係がすべてではない。会社の外にこそ、本物の人間関係が埋もれているのだ。しかも無限に」

これらも立派な正解のひとつなのである。

少なくとも、私はいままで、「会社の人間関係に疲れたら、会社の人間関係への期待を完全に放棄する」ことを徹底的に行なってきた。

「きっと、多くのものを失ってきたんだろうね」と思う人もいるかもしれないが、答えは「ノー」。実際はその逆である。それをすることにより、ムダに思い悩む時間や、ややこしい人と向き合う労力、おもしろくもない時間を過ごすムダを大幅にカットすることができた。多くのものを失うどころか、自分にとって本当に必要な人間関係だけを広げることができたのである。好きな人を自分で選び、本音で話せる友達、一緒に楽しく仕事ができる人ばかりが周りに集まるようになったのである。

これははっきり言って「パラダイス」である。

私の周囲には、嫌いな人が5％も存在しない。たとえ、存在したとしても上手に距離を置くことができている。そのおかげで仕事でも遊びでも、対人関係のストレスがほとんどない。

では、こうなるためにはどうしたらいいか？

それは、残酷で短絡的な決断ができるかどうかだ。つまり、会社員のうちから会社の存在を心のなかで適宜切り捨てる。

「なかったことにする」ということだ。

あなたも会社の人間関係に疲れたら、もう会社の人間関係にしがみつくのはやめにしよう。当たり障りなく、ロボットのように接し、業務を淡々とこなせばいい。

そこで温存した体力と魂を、社外で思う存分発散させるのだ。会社以外の活動をせいいっぱい楽しみ、そして自分の好きな人、魅力的な人とだけつながる。私の会社員時代、そして今に続く下積み時代の8年はそうやって流れた。実に楽しく、悔いのひとつもなく、有意義な日々。同時に不毛な人間関係を切り離した、メリハリのある濃い8年であった。

その先に、今の私は存在している。

会社の人間関係が最悪？　もう人生は終わった？

そんなことはない。会社に行きながら会社に見切りをつけるいい機会である。

ここからあなたは確実に若返り、魅力を増強することができる。

会社の人間関係の劣悪さを喜ぼう。それは外の豊かな世界を広げる、いい転機となるのだから。

第2章

ストレスに潰される人、抜け殻になる人

——「出会い」を続けた人、やめた人、その違いとは?

あなたの顔を〝老け顔〟に見せる本当の理由

入社して10年、15年経つと突然〝あること〟に気づくことがある。

結婚式で社外の人達と会ったとき、交流会に参加したとき、異性の集まる食事会やパーティに出かけたとき、学生時代の仲間と時間をともにしたとき、ストレスに満ち、色あせた生活をしている自分と、イキイキとした毎日を過ごす人たちの違いに気づいてしまうのだ。これまでの生き方に疑問が湧き上がる衝撃的な瞬間である。

「自分は、なんてつまらない世界に生きてきたのだ！」

鏡に映る死んだような自分に問いかける。「世の中には仕事も人生も輝く人達が大勢いる」「なぜ自分は色あせた世界を選んできたのだろう？」「会社が違うだけでここまで違うものか？」「もっと楽しく生きる方法があるのでは？」「魅力的な異性たちから完全に切り離されてしまった……」

自分でよかれと思い、ときには自分を殺してかかわってきた人々と築いてきた価値観。多くの時間を捧げてきた会社という世界。自分を語るうえで疑いもしなかった絶対的な存在を全否定する、底なしにみじめな瞬間だ。

けれど、この魂をえぐられるような辛《つら》い瞬間こそが、実はあなたの「ターニングポイント」となる。

「自分の世界は狭いし、なんだかつまらない」そう感じたら〝今すぐ〟やるべきことがある。とにもかくにも、「会社外の世界に興味を持つ」のである。視界の外、今見えているものの外。つまり〝まだ見えていない世界〟を見るようにする。

今、あなたの見えている世界はとてつもなく狭いかもしれない。

しかし、少しずつ外の世界に興味を持つだけで、あなたの人生はガラリと変わる。「生き直す」ことが可能になる。あなたを取りまく人間関係が変わり、人生が5倍も10倍も楽しくなるのである。なぜそのようなことが可能になるのか？　その答えはきわめてシンプル。

「自分で選んだ人間関係の絶対量が増える」から。

これまで、自分で人間関係を選ばずに生きてきて、イヤな人とも無理矢理つき合うことをよしとしてきた。ストレスによる鬱積《うっせき》を顔に年輪のように刻んできた。そのような生き方と決別ができる。

プライベートは「自分の意思」で生きてみよう。

このシンプルな心のスイッチの切り替えだけで、人生は豊かになる。貧相な顔相の灰色人生を刷新し、抜け出すのだ。

会社の先輩、同僚はつき合いが悪くなったあなたをいぶかしがるかもしれない。新しい興味と好奇心を持つあなたを「変人」扱いするかもしれない。しかし、それでいい。そこから本当の人生の幕が開きはじめるのである。

人が本当の人生を歩んでいるのか？　そうでないのか？

他人がそれを見極めるのは到底難しい。本当の人生がどうか判断するのは、あなた自身だ。殻を破り、社外に新しい興味と人間関係を築き、「変わる」べきである。

会社外の世界を持たない人にとっては、会社での人間関係が人生の人間関係のほぼすべてとなる。

ならば外に良好な人間関係を求めよう。社外に興味を持ち、社外の人と徹底的につながる。

その繰り返しがあなたの顔つき、物腰をすべて変える。

あなたの顔を「老け顔」に見せている原因をとりのぞこう。

それはあなたにとって最高の癒しであり、希望を抱く喜びとなる。年齢よりもはるかに老け込んだ「ストレスの顔」で生きるか？　生き生きとした若々しい表情や物腰で心身ともに健康で生きるか？

さあ、どちらを選ぼうか。決めるのはあなた次第だ。

人間関係は与えてもらうものではなく自分から探し育てるもの

世の中には2種類の人がいる。ひとつが「人脈を自ら広げる」タイプの人で、もうひとつが「人脈は与えられるもの」という感覚の人だ。

「人脈を自ら広げる人」は自分から出会いを広げていく。友人、恋人、ビジネス、趣味の仲間……社内外、地域を問わず、積極的に広げに行くのである。その結果、自分の感覚や思考で選んだ人脈が自分の周囲に潤沢に存在している。

「出会いがないから」といった言い訳は無縁。たとえ、気の合う人がいない会社に勤務していても、社外におおいなる人脈を築いている。だから、転職先はもちろんのこと、恋人もそして結婚相手も、容易に見つけることができる。

一方、「人脈は与えられるもの」だと思っている人は、自分がたまたま入学した学校や、就職した職場、あるいは住む地域以外に知り合いを増やそうとしない。その場にたまたま居合わせた人が、出会いのすべて、そして人脈のすべてになるのである。

独身の人の場合には、「出会いがないんですよ。誰かいい人がいたら紹介してください」などと平気で言う。しかし、おもしろみのない人にいい相手を紹介する奇特な人などいない。

結婚している場合でも、会社の世界にどっぷり染まりきり、外の世界と断絶されている人がいる。いざ転職しようにも情報がないし、人脈がものを言う仕事は完全に門外漢だ。

さらには、会社の価値観が社会のルールそのものだと思い込んでしまうのである。そのようにして、閉鎖的な社会で洗脳を受けた「閉ざされた人」が出来上がる。もし会社の環境がその人にとって良好であれば、あるいは好きなタイプの人が男女問わず大勢いるならば、たとえそのような世界のなかにいても、少なくとも定年退職するまでは幸せだろう。おそらく、結婚相手も社内で見つかるだろうし、ゴルフ仲間だって釣り仲間だって社内で十分事足りる。

しかし、この生き方は実はとてもリスクがあることを知っておいてほしい。「受け身」の人は「会社が人生の人間関係のすべて」なのだ。つまり、会社での人間関係がもし劣悪になれば、人生そのものが最悪のものになってしまうということ。そして、生きることが絶望そのものとなる。

私が知る限り、世の中にはこのような人が驚くほど多い。

出会いについて受け身の生き方だけはやめたほうがいい。その生き方が知らず知らずのうちに、顔の表情を曇らせ、人間的な魅力を欠落させ、健康を害し、間接的に寿命を縮める原因になるからである。

それだけではない。結婚相手を逃し、友情も希薄なものになる。さらに、夢やときめき、ロマンを放棄する生活に浸かることで、年齢以上に老け込み、無表情になっていくのである。

負のオーラを発し、一目見て「ストレスの塊」とわかる存在感を醸し出す。

しかし、社外に自ら広げた人脈を持つ人は、このようなことには絶対ならない。快楽に満ちた有意義な時間、そして魅力的な人々との深い友情関係。気力も体力も充実したものになり、顔の表情も若々しく見えるはずだ。

あなたはどうか？　ここで自分を振り返ってみよう。

もしかすると、慢性的に抱えているストレスや鬱々とした気持ちは、「会社のつき合い」に限定したライフスタイルが原因かもしれない。

社外にも人脈をどんどん広げよう。ストレスを撃退するために。

今、これに気づくだけであなたの人生は好転の一途をたどるはずだ。

会社から一歩出ると初対面で話せない人

「会社の飲み会では流暢《りゅうちょう》に話せるのに、結婚式などで社外の人の群れのなかに放り込まれると固まってしまう」

そのような経験はないだろうか？　口を割って出てきそうになるのは社内でしか通じない話題だけ。あわてて会話を飲み込み、そして黙り込む。スマートに談笑する人。黙り込む自分。その圧倒的な社交レベルの違いに凹《へこ》みまくる。

社内では話せても、社外で初対面の人とは話せない。これは一種の老化現象のはじまりである。ひとりの人間として、その場で起こっていることを楽しむ柔軟性をすでに失っているのだ。会社内の決まりきった会話。あるいは仕事の話題しか発言できない。これは脳のほかの部位を使っていないということを指す。その場を楽しむための会話をし、今を生き、楽しむことができないほどに脳が老化しているということだ。

思い出してほしい。あなたが大学生のときはどうだったか？　小学生のときは？　幼稚園の頃は？　きっと意気投合して誰とでもその場を楽しめたのではないだろうか？

私にも経験がある。20代後半の頃だ。毎日22時まで働き、あとは家に帰るだけ。内勤で新しい出会いも少ない。土日だけは多少不特定多数の人と会話をかわすというような生活が1年は続いた。

あるとき異業種交流会に参加したが、その時間が辛くて仕方なかった。たいした仕事もしていないし、そこにいていいのかすらわからない。このときの私は「初対面の人々と楽しく話し、ひとりの人間としてその場を楽しみながらつながっていく」という能力が著しく劣えていた。

しかも本来、ストレス解消をし、生きるためのエネルギーや知識や気づきを得るための場が、逆にストレスのもとにすらなっていたのだ。

こうなってしまった原因はあきらかである。会社と家の往復だけを繰り返していたからだ。つまり初めての相手と向き合い、会話を楽しむセンスが完全に退化していたのである。たった1年で人は簡単に劣化する。

しかし、不特定多数の楽しそうな人々と集う習慣を復活させて、3カ月が経った頃、社交の場はストレス解消の場、そして人生をよりよく生きるための希望を得る場所へと変化した。ふたたび人とのつながりを楽しめるようになった。

このように、人は簡単に回復もできるのである。

「社外の人とうまく話せない」

何はともあれ、まずはこの黄色信号に気づくことが大切である。結婚式や社外の交流会で自分がどれだけ楽しく、自然に話せるかに注目してみよう。

社外で「本当の自分」を磨かないと47・5歳で「抜け殻」になる

世の中には2種類の中年がいる。ひとりは「抜け殻のように萎《しぼ》んだ中年」で、もうひとりは「溌剌《はつらつ》としていて表情豊か、肌にも艶がある中年」だ。両者を比べると、たとえ同い年だったとしても、見た目は20歳ほども年齢に差があるように見える。

なぜこのような違いが生まれるのか？　それは普段の心のなか、頭のなか、そして言動、行動パターンの違いによるものだ。抜け殻のようになっている人と、内面から若々しさが漲り、躍動感に溢れる人では、実年齢は同じでも、見た目年齢に大きな差が生まれる。

もし、あなたが抜け殻に向かっているとしたら、それは深刻な事態である。何か手を打たないといけない。溌剌としてみずみずしい人は、好きな仕事、あるいは自分で納得している仕事に没頭し、満足のいく収入を得て、さらには楽しくて仕方のないプライベートタイムやオフタイムを過ごしている。オンもオフも充実した生活を手にしているのだ。

しかし、これらの人が皆、天職に就いているかというと、必ずしもそうとは限らない。たとえ、仕事が大好きでなくても、あるいは高収入ではなかったり、天職に就いていなかったりしていても、この「溌剌としたみずみずしさ」を醸し出す人は大勢いる。彼らは、そこそこに仕事をこなし、人並みのストレスだって抱えている。「仕事を辞めたい」と感じていることもある。しかし、彼らは自分のなかで心のなかの敵としっかりと折り合いをつけている。

そして、ポイントは**社外にパラダイスを築いている**点だ。たとえば、マラソンを趣味にしていて大会に出場していたり、趣味のゴルフに仲間とハマっていたりする。マリンスポーツを定期的に楽しんでいる人もいる。このように、仕事以外に、楽しくて仕方ないもうひとつの世界を持ち、それを生き甲斐にし、部活のように楽しんでいるのである。さらにはそこでの人間関係が非常に良好であるケースが多い。

彼らは偶然なのか、あるいは努力の結果か、会社とは別の世界を持っているのだ。

そしてそこで味わう精神的、肉体的満足感によって、いきいきと生きることを楽しむ自分を形成している。

私は会社以外の別世界を楽しむことを提唱する「自由人生塾」というものを主催しているが、このことの大切さに気づき、塾に参加してくる人もいる。しかし、「何もしない人」は、**たいてい48歳になる前の47・5歳で完全に抜け殻になる**。これは私がこれまでに見て来た真実だ。声は小さくなり、肌はたるみ、言動は溌剌さとユーモアを失い、選ぶ服もセンスを失う。そしてコンプレックスの塊となり、あとはゆっくりゆっくり「老い」の状態に突入する。こうなると「生きることを楽しむ人の輪」に合流するのに大きな労力を要する。

もちろん、オフタイムが生き甲斐や楽しい仲間に溢れていなくとも、仕事場が楽しいという人は心配ない。70歳になっても80歳になっても若々しく、躍動的なオーラを放ち、ユーモアたっぷりに振る舞えるのは、自分主導で自分が生き甲斐に感じる仕事をしているからである。自分が決定権を持った社長業などの方にこのタイプが多い。自分の意思で、誰からも邪魔されずに、イニシアチブがとれる良好な人間関係のなかで好きな仕事をすれば、誰だってツヤツヤになれるのである。

違いは「本当の生き方との出会い」をしているかどうかで決まる。出会わなければあなたは47・5歳で完全に枯れる。もちろんリベンジは可能だ。なぜ47・5歳までなら間に合うのか？　それはまだこの年齢までなら40代働き盛りという自覚で走り続けられるからだ。しかし48歳になると、今度は途端に50歳が見えてくる。50歳が見えている状態で抜け殻となり、心が弱っていると「定年退職までこのままでいいや」とあきらめてしまうことが多いのだ。

自分が自分であると感じられる、血沸き、肉踊る時間、空間、そして人々とのつながり。それをどん欲に求めることこそ、抜け殻にならない唯一の方法である。いつでも心スッキリ、そこにはムダなストレスのかけらもなく、生きることをひたすら楽しむための時間が広がる。

抜け殻になった人を、好んで誘い、人生をともに楽しもうとする人はいない。抜け殻になった人を、人はますます相手にしてくれない。

そうならないようにしっかり、社外で本当の自分を磨くべきなのである。

第3章

脳をフル回転させる「出会い」の力

社外での友達が多いほど、あなたはいい顔になる

「社外の人脈が顔つきを変える！」

「社外人脈が豊かだと、あなたはいい顔になる！」

そんなことを言うと「嘘だ！」「またまた、そんなこと言っちゃって」と反論したくなるかもしれない。しかし、これは正真正銘の事実である。会社以外の仲間を増やし、アフター7、そして週末の活動を活性化させることにより、顔つきや物腰がどんどん魅力的になる。私はそのような人をこれまで数えきれないほど見てきた。

Kさん（34歳・メーカー勤務）もそのひとり。彼に最初に出会ったのは、とあるパーティだった。私の本を読んでパーティにはじめて参加した。

彼は名刺交換のとき、私にこう言った。「自分を変えたいと思っています」

転職や独立をするのではなく、今の職場で頑張りながら、自分を新しく生まれ変

わらせたい。それが彼の願いだった。

当時の彼は会社と家を往復するばかりの生活をしていた。仕事は安定していたけれど、血沸き、肉踊るような心境にはほど遠かった。表情は硬く、躍動感とは無縁であった。そして自分自身の生き方が、自分の心と表情を固まらせているという事実に、彼はまったく気づいていなかった。

私は彼にこう言った。「会社外の友達、人脈、心のつながりをつくることです。趣味や遊びでつながった仲間意識や恋愛の予感をとにかく増やしてください」と。するとと彼は、毎週必ず何らかの交流会や会合、とにかく人が集まる場所に顔を出すことをその場で約束した。

彼は私の会合や講演にも顔を出してくれたが、会うたびに彼の顔つきや表情、物腰、ファッション、声の張りに変化が見られた。

1年後、彼のアフター7はガラリと変わった。出会った人々との食事や、会合の予定で一杯になっていた。1年前には「会社外にほとんど友達がいません」と言っていた彼だが、いつの間にか周囲には会社以外の別世界が広がっていたのである。

ファッションもすっかり垢抜《あか》けていた。初対面の女性とも自然に打ち解けられるようにもなり、自分で小さな会合を開催できるまでに成長していたのである。さらに、7年ぶりに彼女ができた。

彼はすでに1年前とはまったくの別人のような人生を歩んでいた。

もし彼が、あのまま会社と家の往復をし続けていたらどうだったか？　おそらく今も以前とほとんど変わらない顔つきをしていたはずだ。

「会社外の刺激的な出会いと、そこで出会った人とのつながりがその人の心を変える！」

社外の人間関係が豊かになれば、あなたの内面が変わりはじめる。

内面が変われば、言動も表情も変わるのである。

心がスッキリ整い、まったく新しい人生を歩むことができるだろう。

何度も言うが、このような人々を私は何百人と見てきた。

本気で変わりたければ、本気で会社の外に目を向けよう。

あなたを成長させる、たったひとつの習慣

「自分を高めたい！」そう思って本を読んだり、講座に通ったりする人は多い。しかし、ほとんど成長の兆しが見えない人達もいる。

恥ずかしながら、私にもそのような経験がある。本を読んだり、講座を聞いたりして気分が上がっても、結局、知識は頭のなかにしまい込んだまま。単に「学んだ」だけで終わってしまったのである。あなたにも同じような経験があるのではないだろうか。

確実に成長できる方法がある。それが「人と会う」ということ。

人に会うことであなたは本当の成長をすることができる。

これには明白な理由がある。

人に会う。これによりあなたは強制的に相手からの刺激を、知識と感覚のふたつ

の部分で受け続ける。本のように自分の気分で閉じたり、あるいはテレビのように途中で消したりできない。考え方、ものの言い方、ファッション、趣味、ビジネス思考——これらに対する影響を半強制的に受け続けるのである。その間、あなたは文字から受けるのとは比べ物にならないほど大きな刺激を受け続ける。五感のすべてを使って自分とは違う生き方の見本を吸収できるのである。

書籍を読む行為は結局、自分との対話である。しかし人と会っている間はそうはいかない。不甲斐ない自分をそこにさらし、ときに引け目や恐怖も感じながら学習する時間である。

しかし、だからこそ自分を成長させられるのである。

イヤな人の言動は反面教師になり、魅力的な人の思想や言動はあなたを育てるお手本となる。定期的に「魅力的な人に会う」という習慣があるということ。それは定期的に行なわれるセミナーに参加する以上の効果がある。しかも、ここでかかるのは飲食代と交通費のみだ。

ただし、ひとつだけうまくいくための条件がある。

それはあなた自身が定期的に会ってもらえるような人間になるということである。一言で言えば簡単だが、実はこれはなかなか難しい。1日や2日の努力でどうにかなるものでもない。しかし、日々出会い続け、人から刺激を受け続けることによって必ず得られる成長でもある。

誰も魅力がない人にわざわざ時間を割《さ》いて、会いたいとは思わない。つまり、あなたと会うかどうかの決定権は100％相手が持っているというわけだ。

彼らに会ってもらうために、あなたは外見も内面も磨き続ける必要がある。

人間は自分が成長している間、ストレスを忘れる。成長する快感に浸ることができるものだ。

脳に快楽感情をみなぎらせ、過去の自分を別人のように切り離す。会話の最中、相手の人生体験があなたのなかに新たに刻まれ続ける。さらには新しい人間関係が楽しくて希望に満ちた未来を想像させてくれる。

会社で起こったイヤなことの上に「新しい人生」が次々と上書きされるのである。

「イヤなこと」「ストレス」――それらは昼間に起こった別世界での過去のことでし

かなくなる。望まずとも脳がそう自動的に認識する。しかも、成長快楽によってストレスも吹き飛ぶのである。

「人に会う」ということは最強の自己啓発である。

今日の予定はどうか？　家に直帰する予定ならば、誰かを誘って30分でもいいから語らってみよう。

最高の学びの時間となるはずだ。あなたの心は希望と興奮に満ち、そして深く癒されるはずだ。仕事で受けた心の小さな擦《かす》り傷だって一瞬で完治する。

人と会うことは人を癒し、人を発奮させるのである。

好きな人とだけつき合うことが、こんなにもいい理由

「会社外で気に入った人とだけつき合い、そして出会い続けましょう」と言うと、次のように反論されることがある。

「ダメなところを指摘しない人とばかり関わっても成長できない」

しかし、私はこう思う。

「意欲をそぐような言い方で指摘する人と関わることは、成長の芽を摘む」

人間は感情の生き物である。たとえ正しい内容で指摘されても、その指摘の仕方が悪ければ意欲は簡単にそぎ落とされる。

世の中には、攻撃的、否定的にものを言う人のせいで不快な思いをし、泣き寝入りする人が大勢いる。それで、やる気をなくしたり、挑戦しようとしていたことをあきらめたりする人も多くいる。そして、一度夢をつぶされると、リベンジする気

も起きなくなる。

つまり、言われっぱなしで、人生を放棄する方法を選んでしまうのである。新しい挑戦をしようとするときに、「そんなことをやるのに、なにか意味はあるの？」「たぶん失敗するね」このような言葉を放つ人。そして、それを、さも「賢人」からのありがたいアドバイスであるかのように鵜呑みにしてしまう人は多い。

しかし、騙されてはいけない。そのような言い方をする人は、別に偉くもなんともない。

賢いと思っているのは自分だけ。言うほど成功もできないし、幸せにもなれない。そして、そのような人に感謝したふりをする必要などないのである。

意欲をそぐような人がいる環境——そのような環境こそがあなたをダメにする。早々にその人との距離を取り、ポジティブに話し合える仲間や友人をひとりでも増やすことをおすすめしたい。なぜなら、そのままの関係を続けることは、人生の「致命傷」になるからだ。

人生やってみなけりゃ、何事もわからない。恋愛も、友情も、転職も、起業もそう。起業して10年生き残る企業は1割にも満たない。

何をやったって結局は、やってみなければわからないのだ。

ならば、やってみたほうがいい。

まずは世の中の常識や、否定的なアドバイスに流されない自分を目指そう。「自分流の人生をつくる」と心に決めるのだ。

そのために、会社のなかではなく社外に目を向ける。社内にはあなたが本当にやりたいことを否定する人が大勢いる。上司などはあなたを目の前の仕事に集中させるために細心の注意を払っている。

だから社内ではなく外の人々と向き合う。できれば肯定的な人達と関わろう。ビジネスで成功し、生きることも楽しんでいる、そして健康で愛に満ちた「成功者」と言われる人々。彼らの多くは肯定的なオーラを発している。「肯定的な雰囲気」のなかにいると、不思議とユニークなアイデアがポンポン出てくるものである。

さらには修正すべき点も、肯定的な言葉で言い合える。

だから気持ちがいい。そういう、なんでも話せる心地いい人だけを選んでつながっていこう。

難しい話ではない。あなたがそのようなコミュニティをつくればいい。みんなが楽しめる場、仕事もプライベートも豊かになり、たくさんの愉快な人が集まれる場所である。

これがあるとないとでは生き甲斐や楽しさはまったく異なってくる。ストレス解消の場所になることはもちろん、新しい人生をつくる場所にもなる。

「自信がない人」こそ、人と会いなさい！

「何も持たない自分で出会い続けても意味があるの？」

そのような疑問を抱く人がいる。

「異業種交流会や合コン、パーティに行っても、いくら出会いを広げても、自分に自信が持てるような社会的功績がなければ意味がないじゃないか？」と考える人である。

「大人数の場所に行ったって、相手に印象を残すことすらできない」「時間のムダ」「その前に自分ひとりで事を成せ」そのように思うのである。

しかし、それは少々肩に力が入った考え方ではないだろうか。多くの人が「ただの自分」「あるがままの自分」に自信が持てないということだ。この病は「都会」に暮らせば暮らすほど数が増える。

都会は勉強でも仕事でも勝ち負けばかりが気になる人、つまり競争中毒者が多いエリアである。よく言えば競争をゲームのように楽しみ、競争していることすら忘れ、自己成長する人が多い場所。おしなべてすべてのレベルが高くなっているとも言える。

自分の優位性とは何だろう？　自分はどの階層にいるのだろう？

そんなふうに自分や周囲を格付けして見続ける人が多くいる。無意識に肩肘を張って、小さなプライドのせめぎあいをする人たちのるつぼ。それが都会なのだ。

もちろん悪い部分ばかりではない。しかし「楽しいから」とか「感覚がそれを欲しているから」といった自分の意思に従って動く人が、人口の割には少ないと思う。そして、生きることを楽しめているのは、間違いなくこの「感覚」に従って動ける人である。

サッカー観戦をするとき、ゴルフをするとき、カラオケをするとき、人はただ「感覚」に従う。そのようなとき、自分はどのような仕事をしていてどういった学歴で、年収がいくらで、どれだけ社会に影響力があるかなどは関係ない。

しかし、そうとわかっていても出会いをいざ今の視界の外に広げようと思ったとき、人は、自分が何者であるか？　ポジションや優位性をしきりに気にしてしまう。たしかに、仕事で成功したり、お金を持っていたり、高学歴であったほうが本人にとっては都合がいいだろう。出会いの場所でも社会的成功を成した人からも興味を持たれ、人生がさらに好転していく。

しかし私はこう思う。

成功する前から、あるいは何も事を成していなくても、出会いを大切にし、たくさんのつながりを持ち、そのなかの何人かとは深い友情を築くべきである。

出会いと仲間は何がなくてもまず必要なものであり、成功しても結局はこれを求めるし、ひとりの人間として他者と楽しい時間を共有し、友情を育み、ときに恋をするためにお金を使うことになる。ならばこれらを最初から持っていたほうがいいのだ。

なぜそんなことを言うか？　それは事を成し、金持ちになったのに、人としては何もない、魅力もない、痛さすら感じる人が大勢いるからだ。あるのはビジネスノウハウと預金残高だけ。いままでそのような人を数えきれないほど見てきた。口には出さないが心のなかでいつも「あらあら」とつぶやいてきた。

逆に、なんの社会的成功もおさめていないが、人間として魅力的な人もいる。異性にもモテるが地に足が着き、それでいてロマンに満ちた本物の人生を歩んでいる人もいる。

つまり、**「取り扱い説明書」をつけないと魅力や価値が伝わらない人間になってはいけない**、ということだ。

「成功するよりも、本当は、健康的で愛に満ちた幸せに生きることを楽しむ人になりたかったんじゃないですか？」

成功しているのに幸せそうではない人に対し、私はいつも心のなかでこの言葉を投げかける。

成功する前からしっかりと出会い、心の養分を蓄え、人生を楽しむキャストと出会っておくべきである。

寂しい成功者ほど、かわいそうな存在はいない。

金持ちになったのに、人としては何もない、魅力もない、痛さすら感じる不快な物腰。しかしビジネスノウハウと預金残高だけはあるので中途半端に自信がある。こうなると人を寄せつけない偏屈な物言いや放つマイナスオーラはなかなか変えられない。社会的成功を心の支えにしてしまうのだ。

「寂しい上流階級意識」が彼らを支える。

こうならないうちにしっかり出会いによりさまざまな視点や感性を取り入れ、あるいは友情や仲間意識というソフトを自分に注入し、人間的な面を磨いていくべきである。

金があろうと、努力していようと、能力が高かろうと、嫌われなくていいところでムダに嫌われてばかりいる人間には幸せはやってこない。

「八方美人になれ」とは言っていない。媚《こ》びることとも違う。ただ1秒1秒をほがらかに楽しく過ごし、周囲の人にも好意的な態度を取るほうがいいと言っている。

ムダに「嫌われる」ということは、つまり周囲に迷惑をかけている状態、周囲の足を引っ張る公害である。必要以上に偏屈なのは幼児性の現れ、未完成であるということ、自分の心や感情がコントロールできていないことを指す。

人と出会い続け、ときに揉まれ、ときに絆を感じ、一体感を覚えることでこそ栄養満点の人間力のソフトが身につく。

それが円滑なコミュニケーション能力とオーラを生み、人から好かれる人格をつくる。

何者にもなっていなくても、多くの人々と楽しい時間を過ごすセンス、能力、さらには感動や思い出でつながった利害関係を越えた人の心のつながりを増やそう。そのことが人間を成長させ、一目置かれる人間にする。

だからこそ、何もない人にこそ、「出会い続けろ」と私は言いたい。

そこにマイナスはない。さまざまな世界観や刺激や知識や体験が頭にインストールされ、セルフコア、つまり自分の心の核と触れ合った瞬間、あなたは本当の生き方に気づく。天職に気づいたり、居るべき場所に気づく。

本を読むだけではそれは得られない。読書はあくまでも行動のきっかけに過ぎないのだから。

事を成しはじめる頃、周囲はあなたを放ってはおかない。天職となる活動が「培った仲間力」によっておおいに加速する。孤独な引きこもりのような努力者とは異なる、破格のワープを見せる。

出会うのだ。とにかく出会うのだ。

最初は出会った人から名前も顔も覚えられないかもしれない。緊張しっぱなしで楽しむどころではないかもしれない。

しかしそういった上滑りな関係からでいい。まずはそこからだ。それすらなければ、そこから人脈は掘り下げられない。

「魅力的な人脈」はあなたの魅力の一部

人脈——そう聞いて、あなたは何を想像するだろうか？

「ムダに人脈を増やしたって意味がない」と感じるだろうか？　最近は、「個」がもてはやされ、まずは「自分」という風潮もある。人脈など関係ない。徒党を組んだり、人を頼ったり、不特定多数の人とつながったりしたって意味がない。そんな考え方を持つ人も多くなった。人脈などは不要、という考え方だ。

しかし、魅力的な人脈とは、「あなた自身」そのものである。

わかりやすく言えば、魅力的な人脈を持っているのは、その人自身が魅力的だからなのである。人脈や交友関係は、顔や言動立ち振る舞いに表われるということだ。魅力的な人脈を持つ人の顔は魅力的で、そうでない人は貧相である、という意味である。

たとえば、思ったような仕事に就いておらず、これといって仕事の成果もない。収入もそれほどあるわけでもない。学歴だっていいわけではない、という人がいるとする。

同じような境遇の人とくらべたとき、「魅力的な人脈がある人」のほうが「ない人」に比べて断然魅力的に見えるのである。

極端なことを言えば、**何も持っていなくても、人脈が潤沢であれば、魅力的な人になれる**ということだ。

なぜそのようなことが言えるのか？

それは常に「こうなりたい！」という人間からの刺激を受け続け、「なるべき自分」のイメージを受け続けているからである。頭のなかは興奮し、日常生活や仕事中に受けたストレスや心の痛みが有意義な刺激と気づきによって洗い流される。ストレスを切り離し、いい刺激を受け、常に成長しながら楽しい生活を送っているからである。

会社では、誰でもときにはみじめな気分ややるせない気分を味わう。しかし、魅力的な人脈に浸るときは、「あれは別世界で起こっている、一種病的な事象」とすっぱり割り切れるのである。

会社を離れた独自の魅力な人間たちが集まる場所。そこで周囲の人は彼のことを「いい人脈を持つ、魅力的で社交的な人」と認識する。

このように魅力な人脈自体が、その人の人格、そして存在の一部となり周囲に存在感を印象づけるのである。

「バカ」になって楽しんだとき、脳はフル回転をはじめる

私は仕事柄、アイデアを出す機会が多い。本のタイトルやキャッチ、目次から、イベントの企画までさまざまだ。それは、仕事を抜きにした時間でも続く。

笑いをクリエイトするのが、自己満足ではあるが楽しいのである。中学生か？と言われるくらいのくだらない話を、悪ふざけ感たっぷりに展開することもある。また、それに悪ノリしてさらに発展させる友人も多いので、バカ話のスクランブル状態になる。まるで瞬発芸のようなもので、その場にいる人達の空気感を「くだらないバカさ加減」に満ちた「痛快に振り切った状態」へと仕上げる。

そんなことをしながら、もう30年以上すごしている。20代の女性たちもは腹を抱えて笑い転げ回り「バカでしょ？（笑）」と涙目で言う。

これは私にとって1億円出しても買えない財産であると思っている。たとえ、大

金持ちになったとしても、この遊びは必ずするだろう。これは、仕事やそのときの浮き沈みを切り離したひとりの人間としての絶対的な財産、そして生きる意味、生きている証しなのである。

この宝石のような時間を、私や仲間、そして家族は何よりも大切にしている。仕事の時間ではつくることができない「非常識な周波数」に満ちた状態である。

さて、この頭をつかった悪ふざけだが、このくだらない一見ムダのように思える戯《たわむ》れが、かなり仕事の役に立つのだ。たとえば変なあだ名や比喩表現を考えるために、フル回転をした脳の思考回路が、本や連載のタイトル、あるいはイベントの企画名や、コーナーの1シーンにエッセンスをもたらすことがある。

これらは仕事のための「つくられたおもしろさ」ではない。本気で人生を楽しもうとする瞬間。我を忘れて楽しむ瞬間に溢れ出た本物の「ユーモア」である。そして、これが仕事に活きるのである。また、それは得てして、多くの人の心に刺さる。ヒットする。成果になるのである。

苦虫を潰した顔で仕事をし続けたり、勉強したり、読書をしたりするだけでは、この発想は出てこないだろう。リミッターの外れた遊び心があるからこそ、本物が生まれてくるのだと私は思う。

私の本、イベント、さらには仕事のほとんどが、この「バカになって楽しむ、フル回転の脳」によってつくり出されている。生活の基盤である収入は、遊びのなかからスパークする「バカなひらめき」によって創成されているのである。

バカになることがすべてではない。しかし、社外の知り合い、仲間、友人、恋人、いい関係の異性、先輩、後輩。彼らとの時間、一瞬一瞬を楽しもうとする、仕事の役割も社会的立場も切り離したひとりの人間としての人格と世界観。これを持つことにこそ大人の人生の醍醐味がある。そのなかから仕事に活かされるエッセンスが生まれるということだ。

人の心、生きることを楽しむ消費者の心。それが本当にわかる人になって仕事をしたほうが仕事は楽しい。マーケティング、イノベーションなど、事業やビジネス成功の公式などは数多くある。

しかし、もっと生身の人々の心に深く潜り、感じ、頭をフル回転してその場を楽しみ、ビジネスマンとしても一消費者としても生きることを楽しみながら仕事に向き合う方法もある。

そして、それこそが悔いのない本当に自分らしい人生への近道となる。自分にとってのオンリーワン、世の中から見たオンリーワンである。

もし、今の人生が、仕事でも遊びでも、自分に投げられた球をただまじめに打ち返すものだとしたら、もっと遊びを持とう。

少々規格外の話を悪ふざけしながらできる余暇時間をもっと大きく育てよう。その小宇宙の広がりは実に愉快で深く、ファンタジーに満ちている。

それは生きることを楽しむためにも役立つし、仕事における視点、さらには隠し財産的な能力となるはずだ。

第4章

人生と心が豊かになり ストレスが消える 「人脈・仲間・友達」の 見つけ方

出会いが少ないとなげくあなたへ――すべては自分が選んだこと

「出会いがない」「彼氏、彼女ができない」「私、人脈少ないですから……」「仕事が忙しくて、毎日会社と家の往復ばかり……。やっていられませんよ」

自分のことをそのように言う人がいる。そんな言葉を聞くと、私は少し残念な気持ちになる。なんとなく負のエネルギーが伝わってくるからだ。どこか寂しそうで、苦しそうで、何かをほしがる表情。

先述のようなことを言う人の心はたいてい、傷ついている。そのような生き方しかできず、今のような世界観しかつくれない自分を責めている。あるいは、楽しそうにしている人と自分を比べ、傷ついているのだ。同時に、彼らは怒りに満ちている。

それは、自分が今生きている環境への恨みである。会社、友達、家族、街など、

「どうしてこんなに冴えないのだろう?」と怒りを抱いている。

しかしここではっきり言いたい。

出会いが少なく、狭い世界で苦しんでいるのは、すべて自分自身の責任なのだ。

もちろん、例外もあるにはあるだろう。家族のしがらみや健康上の理由でしばられた生活を余儀なくされる人もいる。しかし、十中八九は自分の責任である。それはなぜか? 生活環境は少なからず、本人の小さな意思決定により、構成された結果だからである。

出会いがない状態。つまらない週末。彼氏、彼女、伴侶が得られない生活。それを本人が選んでいるだけのことだ。出会いがある人は、出会いが増えるような思考、言動、ファッション、仕事、遊び、趣味、住まいを選んでいる。そして出会うことによって、いいエネルギーを摂取し、ストレスも浄化し、晴れやかな顔で毎日を生きている。

反対に、出会いが少ない人は、人脈が少ないので、飲み会やパーティに呼べる友達の数も限られている。そして、仕事のストレスも発散できないまま帰宅し、誰かや自分を心のなかで責め、自分は被害者であるような気持ちで毎日を過ごしている。

けれど、そのような人はそういう生活を自ら選んでいるのだ。

あなたはどうだろう？　出会いが少ないのを、自分を取り囲む環境のせいにしていないだろうか？

けれど、それは大きな間違いである。

あなたを取り巻くものはすべて、あなたが選んだものなのだから。

人との出会いが多くなると、自然に喜びや共感、感動、愛と友情、さらには生きるヒントを得られるようになる。仕事のストレスなどつけ入るスキがなくなるのである。

誰かのせいにしているうちは何も変わらない。

人脈がどんどん広がる、一番の方法

人脈を効率よく広げるためにはどうしたらよいか？　最適な方法がひとつある。交流会や勉強会、あるいはパーティなどで出会った人とまずは友達となり、Ｆａｃｅｂｏｏｋでつながろう。名刺交換の際、雑談をしながら、「この人とはつながりたい」と思った人に友達申請をする。そうすることで新しい知人を増やす。翌日から相手の活動に「いいね」を押したり、さりげないコメントを返したりする。そして、ここからが重要である。

これを繰り返すうちに、「イベントの主催者」とあなたは必ず出会うことができる。だいたい5人にひとりの確率である。５人会えばひとり、10人会えばふたり。いろいろなイベントを自ら企画する人とあなたは自然につながることになる。そしてその人たちから、いずれ「イベントへの招待」を受けるだろう。

このように、イベントや交流会で出会った人をイベントに誘う行動を繰り返す人が大勢いる。その流れにあえて乗ってみるのだ。

Ｆａｃｅｂｏｏｋのイベント招待が来たら内容を吟味し、自分の興味が持てる内容であるかどうかを判断する。そしてもしおもしろそうだなと思ったら、その誘いに素直に応じ、勇気を持って参加してみることだ。そこで、さらに知り合いを増やし、友達としてつながる。そこで出会った人が開催するイベントにも連鎖的に参加してみよう。これにより、あなたは自らが選んだイベントで、自らが選んだ人たちと積極的に出会いを増やすことができる。

この繰り返しがあなたの人生に変革をもたらすのである。

心の毒とストレスを洗い流し、今を生きる楽しさを感じさせてくれる。この方法は人脈づくりの達人が、皆自然に当たり前のように行なっている方法である。

なぜこれが効果的なのか？　それは小刻みに出会いのステップを上がることができるからだ。いきなり大の仲良しを目指すのではなく、最初は顔見知り程度の仲を目指す。さらにはそこで相手に忘れられないように「Ｆａｃｅｂｏｏｋ」などでつながる。そして、時間を置いて、1対1ではなく集団で会う。これを繰り返しながら徐々に親睦を深め、信頼できる仲をつくっていく。集団を通じながら、少しずつ仲良くなることに意味があるのである。人となりや魅力に興味を持った相手を選び、その人が企画したイベントに参加する。このことは「魅力ある人間たちとの連鎖的な出会いの獲得」を意味する。

あなた自身が自分の直感にしたがって人間、あるいはイベントを選び、そしてつながる。このときに、少なくともあなたの第六感、そしてアンテナが作用する。引き寄せの感覚が働くのである。

自分自身の嗅覚を使う。これが自分にとって必要な人脈を引き寄せることとなる。SNSは人脈を効率よく増やす文明の利器である。これを活用しない手はない。まさに「**人脈培養の黄金律**」である。

リアルで会って、SNSでつながった人の「イベント」に参加しよう。

ランチの数打ちが大人の親友をつくる

いい人間関係をどんどん増やすための方法がある。

パーティや交流会で出会った人を「ランチ」に誘ってみよう。この習慣をつけるだけで、あなたは少しずつ、心の通った人脈を増やし、心に感性と信頼と友愛の栄養分を蓄積することができる。

あなたがやること。それは交流会で出会った人のなかで、意気投合した人を男女構わず「ランチ」に誘ってみることだ。それだけであなたは「未来を生きるエネルギー」を吸収し、同時に過去に溜まった負のストレスを浄化できる。

なぜランチに誘うだけでそれが可能になるのか?

はっきり言って、出会ったばかりの人をいきなりディナーや飲みに誘うのはなかなか勇気がいるだろう。誘う側はもちろんのこと、誘われた側にとっても、正直少し重いのである。

その点、ランチなら重くない。誘うほうも誘われるほうも気軽だ。たとえ、それほど仲良くなくても、あるいは互いにそれほど興味を持っていなくとも「まあ1時間くらいならいいか」と了承しやすい。それでいながら、ふたりあるいは数人で、「わざわざ約束して会った」という実績をつくることができる。その事実が互いの人間的な距離を縮めることになるのである。

そして、ランチにはもうひとついいことがある。

それは、出費が2000円以内で収まるということだ。営業など、外回りの職種の人ならば、平日でも気軽にランチに誘うことができる。内勤の人なら、土日のランチタイムに誘ってみればいい。ランチを13時までに終わらせたら、14時から今度は別の場所で別の相手とティータイムを楽しむことだってできる。このように、出会ったばかりの人は短時間のランチやティータイムに誘ってみよう。

「交流会に行って、SNSでの友達は増えたけれど、名前も顔も覚えていないし、覚えてもらってもいない。結局、誰とも親しくなっていない」といった、上滑りな状態を避けることもできる。

仕事の話や趣味の話をしているうちに、だんだんと友情や恋、あるいはビジネスへの期待感が高まり、一生続く絆が生まれる場合もある。

「下手な鉄砲も数打ちゃ当たる」と言うが、ランチでの社交が「大人の親友」をつくる。適度に距離感を持った親しい友達ができるのだ。

昼下がりの1時間、そしてたった1000円程度の出費。「ランチしましょうよ」の一声だけで、あなたは人生の宝を容易に得ることができるのである。

これで相手の心をわしづかみ！　最強の「マインドジャック術」

新しいビジネス人脈、あるいは趣味仲間、さらには異性と出会ったはいいが、その先が続かない……。そのような悩みを抱える人は多い。私も似たような経験がある。

なぜその先が続かなかったのか？

それは「この先もこの人とつながっていたい」と思わせるようなきっかけを相手に与えることができなかったからである。

では、そのきっかけとはどのようなものだろうか？

言い換えると、「相手があなたと会いたくなる理由」である。「仕事になりそう」「かわいいし魅力的だ」「かっこいいしステキだ」「気が合いそうだ」「知り合いであることを誰かに自慢したい」

そのように相手に思わせることが不可欠である。

しかし、それよりもっと簡単な方法がある。

それが「笑いの種」である。

一緒に笑い合える、ちょっとブラックで振り切れた話題。つまりちょっと秘密めいていて思い出しただけでふたりで腹をかかえて笑い転げてしまうようなネタである。人前でなかなか言えないので、「合言葉」や「頭文字」を使ってしまうような話――それが存在することで、ふたりの距離はグンと縮まる。

「しょうがないなあ」「バカだなあ」「でも痛快で楽しいなあ」「この人の頭のなかは自由だなあ」「気が晴れるなあ」「この人とずっと一緒にいたら相当毎日楽しいんだろうな」「自分ももっとバカになれて会話力も鍛えられるんだろうな」と相手に思わせることができる。学生時代、面白いヤツとクラス替えなどで出会って、「コイツと一緒にいたい」「この人に近づきたい」と感じたことがあるだろう。それと同じ瞬間をつくるのだ。

この瞬間、あなたがどんな職業であろうと、たとえ年収が少なかったとしても、

郵便はがき

料金受取人払郵便

牛込局承認

7734

差出有効期間
平成30年1月
31日まで
切手はいりません

162-8790

東京都新宿区矢来町114番地
神楽坂高橋ビル5F

株式会社ビジネス社

愛読者係 行

ご住所 〒 TEL:　　（　　）　　FAX:　　（　　）		
フリガナ お名前	年齢	性別 男・女
ご職業	メールアドレスまたはFAX メールまたはFAXによる新刊案内をご希望の方は、ご記入下さい。	
お買い上げ日・書店名 年　月　日	市区 町村	書店

ご購読ありがとうございました。今後の出版企画の参考に
致したいと存じますので、ぜひご意見をお聞かせください。

書籍名

お買い求めの動機

1　書店で見て　　2　新聞広告（紙名　　　　　　　　　）

3　書評・新刊紹介（掲載紙名　　　　　　　　　）

4　知人・同僚のすすめ　　5　上司、先生のすすめ　　6　その他

本書の装幀（カバー），デザインなどに関するご感想

1　洒落ていた　　2　めだっていた　　3　タイトルがよい

4　まあまあ　　5　よくない　　6　その他(　　　　　　　　　)

本書の定価についてご意見をお聞かせください

1　高い　　2　安い　　3　手ごろ　　4　その他(　　　　　　　　　)

本書についてご意見をお聞かせください

どんな出版をご希望ですか（著者、テーマなど）

完全に相手をつかむことができるのだ。

最強の「マインドジャック術」である。

一緒にいると楽しいと思わせたあとに、相手の心に「とどめ」を刺す方法がある。

それは、相手を心地よくした状態で、相手が望むことをしてあげるのだ。

相手にとって仕事のプラスになる情報を送ってあげるのもいい。あるいは出会いが欲しい人なら、出会いの場所にみんなで行くときに誘ってあげるのもいいだろう。Ｆａｃｅｂｏｏｋのコメントが欲しそうな人にはコメントを送る。

このようなプレゼントをあげるのである。

「バカになって笑わせる」「相手の欲しいものをあげる」

この二段構えにより、人と人は必ずつながる。

いくら誠意をもって相手を尊敬し、へりくだり、気をつかい、そして自分の強みをアピールするような文面を送ったり態度をとったりしたところで、相手の心には響かないことが多い。たいていは、毎日大量に流れ込んでくるその他大勢の出会いや情報のなかに紛れてしまうのである。

それよりは「バカだなあ（笑）」という爆笑の一瞬と、相手が望む小さなプレゼントを贈ったほうがよっぽど効く。

ただし、これが効力を発揮するのは同格の関係を築く場合である。目上の人や社会的実績に差がありすぎる人には、「悪ふざけするヤツ。自分を軽んじているのか。信用できない」と映ることもある。

また、プレゼントもまったく喜ばれないケースもある。これは私の痛い経験からくる教訓である。「君とは一緒にたまにバカをやる分にはいいけれど、一緒に仕事をしたり、誰か重要な人物を紹介したいとは思えない」

若い頃に言われたこの一言を今でも覚えている。

この方法はあくまで余暇時間で同格の仲間を増やすための方法に活用するのがよい。

さらに自分を高めたいなら……自分で「人集め」をしてみよう

人脈を増やし、人間関係から良質のエネルギーをもらう。さらには仕事や趣味に新しい流れをつくり、充実した人生を創造していく。人と出会うことによりさまざまなプラス要素が生まれる。私自身、その充実感と喜びを数え切れないほど体感してきた。

しかし、さらなる高みに自分を持っていく方法がある。

それは、イベントを自分で開催してみるということである。他人が主催するイベントに行くことにためらいがなくなってきたら、今度は自分でイベントを主催してみよう。

5人程度の小規模なものでいい。イベントや勉強会、ワークショップを開催することで、あなたはさまざまなパワーを吸収することができる。ただ出会いの場所に行って誰かとつながるだけでは得られない大きなものを得ることができる。
それは「自尊心」である。なぜこれで自尊心を得られるのか？
なぜなら、自分の感性で創造した世界観、そして創造物を誰かに充実した時間をプレゼントする、奉仕する、おもてなしする時間を過ごすことができるからだ。人間は何かを創造し、それを誰かにプレゼントしたり、奉仕したりするときに、もっとも大きな充実感を感じることができる。

さらに言えば、誰かのために一生懸命思いを発信し、行動をしている瞬間に、同じような強い充実感を覚えるのである。そこには主催者にしか見られない特別な景色と充実感がある。自分で開催してみないと、主催者の喜びも苦しみもわからない。そして、苦しみの先の恍惚《こうこつ》の気分もわからない。数人のイベントでいい。あえて、ストレスのかかることを実施してみてほしいのだ。

これは、たとえればウエイトトレーニングをしたり、長距離を走ったりするのと似ている。自分を鍛えるもの。血肉になるものは皆、基本的に苦しい局面にぶちあたるものだ。けれど、それを過ぎると楽しくなってくるものである。ハイになり、それを乗り越えたときに得られる成果と、乗り越えた達成感と、ストレスからの解放により、快楽が得られる。同時に、筋肉や持久力がつくなどのように、物理的に得られるものもある。

このように、自分で主催するイベントには多くの成果が残る。

新しい人脈、イベントノウハウ、友情、さらには恋愛、結婚の可能性もあるだろう。さまざまな人の感性や価値観を知る。そして最後に「思い出」が残る。

やることはひとつ。ＳＮＳのイベントページにイベントを立て、そこに友達を招待するだけ。

それだけではなく、来てほしい相手に一人ひとりメールを送るということである。

このシンプルな行動により、あなたは必ず自分を高めることができる。

第5章

人生楽しいことばかり！異性からモテる人間関係のつくり方

恋人は探すな！　異性の友達づくりが「運命の恋」を運ぶ

「運命の恋人と出会って結婚したい！」とアピールする人がいる。しかし、その努力が実り、運命を変えられる人はごくひと握りに過ぎない。

誰から見ても魅力的な人が、このセリフを言い放ったのなら話は別だ。その人のプライベートはまたたく間に忙しくなる。連絡先をこっそり交換したがる異性があちこちに発生する。飲み会や食事会の誘いも殺到する。そして、連日のデートの末、すぐに恋人が見つかり、幸せな生活に突入していくのである。そのまま結婚する人も珍しくない。

しかし、そうではない人が同じことを言った場合、瞬間的にその場の空気は凍りつく。そして、誰かを紹介するはめに陥らないように、瞬時に誰かが話題を変えようとする。これが現実だ。そういう人たちは、十中八九、「異性の友達」と呼べる人を持っていない。

もっと言えば、魅力的な異性とのつながりをほとんど持っていない。異性とのつながりがあるとすれば職場で、業務上必要が生じるから話すくらい。いざプライベートで誘ったとしてもなかなか応じてもらえないことが多い。

心当たりのある人に、ここで大切なことを伝えたい。それは**異性の友達のひとりもいないのに、恋人や結婚相手をつくるのは難しい**という事実だ。もしあるとすれば傷を舐めあう同士が同盟を結ぶとき。

あるいはよっぽど魅力的な男女が、互いに一目惚れの恋をするときである。そのような状況でもない限り、友達ゼロからの恋愛成就や結婚の達成は難しい。

魅力的な異性の友達を増やせば、男性は必ず男の魅力が磨かれて色気をともなうようになる。女性にも同じことが言える。魅力的な男性友達を増やせば、女性はどんどん表情も見た目も内面のセンスも磨かれる。そして精神的に余裕ができ、異性を引き寄せるオーラを放つようになるのだ。

理想の異性と恋の予感を感じられるようになるのは、このような状態で日々異性くる関係をつくることだ。しかも、仕事ではなく人生をともに楽しむ関係をつくることだ。魅力的な異性の人脈をつくることは容易ではない。なぜなら、世の中には「モテ」のヒエラルキー（階層）が存在しているからだ。この階層をひとっ飛びに駆け上がることは90％難しい。魅力的な異性と関わり、自分の魅力も磨きながら一段ずつ登るしかないのである。

恋人を探したければ、世の中にいるたったひとりを捜索するような心がまえではいけない。つまり**恋人は探すな！**ということだ。

地道な「社外の異性友達づくり」こそが「運命の恋」を運んでくるのである。

目の前のひとりに賭けるな！

まずは5人、そして最終的には50人の異性友達と出会うことを目標にしよう。大人の恋は「低温発酵」からの「電撃結婚」がいい。あせらず長い目で醸成させ、1年かけて収穫する心づもりでいよう。

恋は「パズル」――うまくいかないのが当たり前

出会いによって人生をよりよくしたい。苦しみを彼方においやって新しい日々をつくりたい！　あなたはそう思ってこの本を手にしたのではないだろうか。独身ならば、「出会い」という文字を見て、恋をして幸せになりたい、運命の人と出会って結婚したい！という期待を心のどこかに抱いたかもしれない。

多くの人が恋愛や結婚を成就させるために、人生の大部分を費やしている。時間だけではなく、お金も、そして情熱もだ。疲れた体をひきずってでも出会いの場所に顔を出した経験があなたにもあるだろう。

それだけ、人は「恋」を重視する。

私は、10代のうちから人々が集まるパーティやイベントを数多く開催して、その現場を見てきた。ダンスパーティから勉強会まで、その数は大規模なものや小規模なものを合わせて1000回を超える。遊びで開催したものも、仕事として企画したものもいろいろだ。

そこで、多くの恋愛、そしてその先に生まれた結婚という結実を見てきた。そこにはいつもうまくいく人と、いつもうまくいかない人がいた。あるいはモテるのに関係が長続きしない人もいた。そのなかで、もっとも切実な悩みが「出会っても出会っても、出会いをモノにできない」というものだった。

「気になる人ができても、恋が実らない」という悲劇。

これが人のモチベーションを下げる。

たいていの人は意気消沈し、「世の中にはもう自分を愛してくれる人などいないのではないか」と思い込む。

しかし恋がうまくいっている人ほど、傷つきもしないし、行動をゆるめることもない。どんどん出会いを広げ、結果として幸せを勝ち取る。

彼らは「恋はパズルである」ということを知っているのだ。

自分が巨大なジクソーパズルのたったひとつのピースだったとして、その自分にぴったり当てはまるピースは数千あるうちの、たったふたつか3つ。残りは一見ぴったりはまるように見えても、実際に当てはめようとするとうまくいかない。でもそれは当然のことなのだ。形が違うのだから。

恋愛、そして運命の結婚相手探しとは、この「自分の真横にぴったりはまるピース探し」である。

運命の恋なんて一生のうちに3回もない。つまり、**「好きになった相手にたとえ脈がなくても、落ち込んでいるヒマはない」**ということだ。ひとりに固執することなく、次々に探していかないと、運命の相手など一生見つからない。

これは、モテる男女なら誰でも知っている絶対ルール。

パズルピースのお隣さん探しの旅に出よう。その場で待っていても運命の出会いは決して訪れない。出会い続けるライフスタイルを確立し、出会いを楽しむ日々をつくる。その過程で、「運命の出会い」を手にするのである。

恋愛は一途になりすぎない――「分散恋愛」がちょうどいい

最愛の人と出会い、人生を歩むことで、苦しみや孤独は半減する。もちろんパートナーとうまくいくことが大前提ではあるが。

さて、ここでひとつの法則についてお話したい。

「一途《いちず》すぎる人はたいていい恋がうまくいかない」ということだ。

これはどういうことを意味するか?

たとえば、思い込みの強い人が勝手に一途に相手に思いを寄せる、というケース。まだ交際もはじまっていないのに、また相手に頼まれたわけでもないのに、勝手に片思いの相手に入れ込んでしまうことがある。これは実に深刻だ。

「私にはあの人しかいないの!」と本人は思っている。しかし、当のお相手はその存在にすら気づいていないことも多い。交際がはじまってから相手に一途になるならもちろんわかる。そうではなく、交際する前から勝手に片思いを続けるパターンである。そんな人が実はとても多いのだ。

さらに悪いことに、相手には恋人がいたり、結婚していたりしている場合も多い。そもそも告白したところで相手にされない。

それでも、一方的に思いを寄せ、ほかの異性には興味も持たない。結局、恋が実らぬ相手に1年も2年も執着し、時間をムダにしてしまうのだ。

このように、一途に思いを寄せすぎる人は恋がなかなかうまくいかない。出会いの数を増やし、恋の予感を感じられる異性を複数見つけ、そのなかからひとりを選んで交際をスタートする。この過程を踏めないのだ。

このタイプは、交際した後も相手を縛りすぎてケンカが絶えず、相手を疲れさせて最後にはふられてしまうことが多い。

もし、あなたはステキな出会いをモノにして、満たされた心で日々をすごしたいのならば、「一途」をいったん忘れよう。そして、「分散恋愛」の状態をつくるのである。

恋人がひとりに定まるまでは、できるだけ多くの人を「Ｌｏｖｅ」ではなく、「Ｌ・ｉｋｅ」の状態にする。そして恋の予感がする人とふたりで食事に行ってみよう。同時並行で４、５人の相手と会ってみよう。

そうやってたくさんの人と向き合い、最終的にあなたが選んだ、あるいは選ばれたのが、本当の「運命の恋」の相手なのである。

恋がはじまる前から、一点集中で、勝手に一途になるのは損である。

運命の恋は分散恋愛からはじまるのである。

「合コン」は一流のコミュニケーション養成場

「合コンで何を話したらいいかわからない……」という人がいる。しかし、たとえそういう状態だったとしても、それを自ら言いふらすのはやめたほうがいい。なぜならそれは思春期から青年期までの間に身につけておくべき一般教養だから。きちんと大人に慣れていないことをバラすようなものである。合コンを「初対面の異性たちと一緒に飲食をして語らう」と広く定義しよう。

ここで自由自在に話し、相手にも楽しんでもらうためには相当のコミュニケーション能力を要する。そのテクニックは場数を踏むことにより習得できるものである。ときにはうまく話せなくて悔しい思いをしたり、緊張して右往左往したりもすることもあるだろう。

しかし、場数を踏むことで自分を鍛え上げる。

この修行をしているかいないか？　が大切だ。「合コンで何を話したらいいかわからない……」ということはそのような経験、教養がなく、そこで磨かれるべきコミュニケーション能力が欠落していることを証明するようなものだ。これからはもうそのようなことは言わずに、こっそり「合コンに慣れる」ようにしよう。

合コンに慣れた頃、あなたのすべては変わる。ひと皮向けた、大人に成長しているはずだ。つまり、いい人間関係、異性関係、恋愛関係、そして結婚力を身につけているだろう。

なぜそんなことが言えるのか？　合コンのことをチャラチャラした集まりだと思っている人もいるだろう。けれど、実はその人の自己表現力が残酷にジャッジされる場所なのだ。コミュニケーション力、質問力、ユーモア、ファッション、最低限のテーブルマナー、臨機応変に対応できる応用力などが試される場所だからだ。

たとえ学歴も年収も高く、いわゆる一流企業に勤めていても、緊張して挙動不審な行動を取ったり、ひとりでしゃべりまくったりした場合、たちまち失格となる。

お金を払って話を聞いてもらうキャバクラとは、まったく異なることに気づかされるだろう。

複数の人の話を聞きながら、さりげなく自己表現する。自分も楽しみながら周囲も楽しませる。そして互いの共通点を見つけ出し、共感し合う。合コンとはそのような場所だ。

そう考えると、**合コンは実は仕事力、経営力、人間力養成の一流学校**とも言えるのである。学校や会社では教えてくれない、究極の教養が得られる場と言っても過言ではないだろう。

合コンをただの「チャラチャラしたお見合い」程度にしか思っていない人は、必ず損をする。異性と良好な関係を維持できる能力は、有意義な人生には不可欠である。それなければ、みじめな思いをせざるを得ない。

いかに高い学歴と収入を持っていても、異性の前でうまく振る舞えない男が威厳を維持し、尊敬され親しまれることは、天地がひっくり返ってもないのだから。

180日で電撃結婚するための極秘シナリオ

「電撃結婚」という言葉がある。電撃結婚は人生を変える衝撃的な出会いのパターンのひとつである。実は私自身がまさに電撃結婚を経験、その良さを実感したひとりである。

もしあなたが早く結婚したいと思うなら、ぜひ試してみてほしい。何も出会いがない状態からはじめて、約180日で結婚できてしまうのだから、結婚願望が強い人には耳よりな話だと思う。

最初に何をするか？　まずは、「一緒に電撃結婚を目指す同性の友達との決起会」を催すのである。半年後の電撃結婚を目指して、一緒に前祝をする。そして電撃結婚を誓う。ふたりから4、5人の志を同じくする人たちで集まるのである。モチベーションは一気に上昇する。

さて、ここからが大切である。まずはこの4、5人のグループのうち、誰かのツテで最初の飲み会を開く。

飲み会を開いたら、必ずひとりにつき1名異性と仲良くなり、そこからさらに別の異性との飲み会を開催するのである。つまり、5人いたら、さらに5回の飲み会が開かれることになる。ノルマだと思って、必ず相手との新たな飲み会を取りつけよう。この時点で出会いのチャンスは一気に増える。20人以上の新しい出会いがあなたの前に流れ込むのである。

しかし、ここで焦って誰かとつき合おうなどとは思ってはいけない。最初の2カ月は毎週のように飲み会をし、どんどん出会いを増やしていく。そして新規の異性とも出会う。

もちろん、この間に気に入った異性がいた場合には、片っ端からランチやティータイムに誘って出かけよう。気になる人には1回ではなく、畑を耕すように何度も会ってみることが大切だ。

ここで忘れてはいけないのは、あくまでも「友達」として会うということ。そうするうちに、いつでも話せて、いつでも会える異性の友達が増えていく。次第に物腰、ファッション、ヘアスタイル、表情などが別人のように変化する。なぜそのような可能になるのか？　それは、恋の予感のするたくさんの異性とつながっているからにほかならない。どこか余裕を感じさせる物腰。そしてこなれたコミュニケーションセンス。これを身に着けたあたりから、あなたはどんどんモテはじめる。

自分から焦って告白しないことだ。じらされた異性があなたに傾きはじめる。しかし決定打はまだ打たない。

次に提案するのは、一番気になる相手との「3カ月のお試し交際」である。「試しにつき合ってみる？　でもプラトニックよ」とジャブを打つ。プラトニッククラブは、相手の内面が好きになれなければ到底無理なこと。ここで遊び目的の異性は去っていく。つまり、このパターンは「本気の恋」に発展しやすい。もちろん、断られたり、流されたとしても落ち込む必要はない。「え？　冗談だよ（笑）」と軽い冗談を言ったことにすればいい。

さて本気の恋に発展したら、今度は同棲を仕掛ける。

同棲はコストパフォーマンスもよく、経済的である。しかもずっと一緒にいられる。そして、同棲の記念に互いの親に挨拶にいこう。

親に会うタイミングこそが、決戦日でもある。自分の親、とくに母親に「うちの子と結婚してくれたらうれしい」と言わせるのである。これで運命は変わる。この行為は相手にとっても非常にうれしいものだ。

「会ったばかりの自分に、よくも自分の大切な子どもの運命を託そうとしてくれるなあ」。このようにホロリとこない人はいない。これは男でも女でも同じである。

私も実はこのパターンで「はい! 結婚いたします」とその場で宣言し、実際に結婚もしている。西麻布のクラブで踊っていたある女性にお立ち台によじ登って声をかけ、その後、合コンをして交際スタート。その3カ月後のことであった。

そして、現在結婚15年目である。

さあ、次はあなたの番である。

電撃結婚は難しくない。ダメ元でチャレンジしてみよう。

ろくな出会いがない——そう思ったとき

「出会いの場所に行ったとしても、どうせろくな人と出会えない」

そんなふうに感じたことはないだろうか？

交流会、パーティ、食事会、飲み会、合コンなどでイヤな思いをした人、あるいは魅力を感じる人がまったくいない会合に参加した人。彼らが抱きがちな「よくある感情」である。

「もう出会いの場所なんか行くものか！」

私にもそう思った経験がある。時間とお金をムダに使ったような気がした。

それだけではない。そもそもそういう場所であることを見抜けなかった自分を悔やみ、「自分が無力だからこういうことになるのだ……」と落ち込んだこともある。

それだけ「ハズレ」の会に遭遇したときのショックは大きい。

もしこのような状況に遭遇したら、どのようにその事実を受け止め、対処すればいいだろうか？

出会いを広げようと思い立った人が必ずぶつかるこの不運、そして試練と、その対処法をご紹介したい。

まず結論を言おう。

あなたが遭遇した残念な会。それは決して「珍しくない」ということだ。世の中にはさまざまな会がある。しかし、その会のほとんどはあなたとは異なるセンスの持ち主が開催している。つまり、すべての会合があなたが「いい」と感じるものであるとは限らないのである。

しかし、数多くの会のなかには、必ずあなたが腹の底から楽しめる会があるはずだ。確実に魅力を感じる人達の会が存在している。そして、そのような会で出会った魅力的な人は、またそのコミュニティの外でも必ず魅力的な人同士の輪を築いている。

一度でも魅力ある人が集まる会を捕まえれば、あなたの「魅力的な人の人脈」はどんどん広がっていく。

つまり「魅力的な人が集まっている」「人生を向上させるために有効な人がたくさんいる」そう感じられる会と出会うまで、とにかくいろいろな会に行ってみるしかないということだ。

あきらめてはいけない。

一度魅力的な会を見つけた瞬間、あなたの人生の景色は大きく変わる。世の中全体がバラ色に変わるといっても過言ではない。一人ひとりとしっかり仲良くなることだ。

そして、今度はあなたの生活をバラ色にしてくれた会に恩返しをする。感謝の気持ちを込めて役に立つことをする。そうすればあなたの人間としての信頼感は大いに高まるだろう。

もちろん魅力的な会と出会うまでは砂を噛むような思いをすることもあるだろう。魅力的な会に巡り会えない。魅力ある人たちの集いに誘われない。そのようなことが続くときは、あなたのパーソナリティが原因となっている可能性もある。

魅力的な人は、自分が「この人は魅力がある」と認めた人しか自分たちの集まりに声をかけない。

世の中はそのように残酷にできている。

内面、外見、口グセ、態度、間合い、さまざまな角度で自己分析を試みる、よい機会である。ハズしたとしても希望を捨ててはいけない。

世の中には、あなたが一生かけても出会いきれないほどの魅力的な人たちで溢れている。その、まだ見ぬ群れと出会い、信頼し合う日を夢見て、ぜひ会合への出席を継続してほしい。

第6章

なりたい自分に近づく、人とのつながり方

つき合う人が変われば人生は変わる

「もっともっと違う自分に生まれ変わりたい！」

誰しもがそう切願する瞬間がある。今の生き方に強い挫折感を覚えたり、あるいは新しい生き方に強い憧れ感を抱いたりしたときなどである。

しかし、そのようなときに、自分で自分の内面だけを変えようとしても限界がある。自分が「はい、変わります」と願っても、簡単に変わることは到底難しい。

それはこれまでの人づき合いが邪魔をするからだ。今までつき合ってきた人間関係がある限り、あなたはこれまでと同じ人たちとつき合い、これまでと同じように思考し、これまでと同じように振る舞わないといけない。自分自身を内面から変えようと思っても、結局、変われないのである。

ではどうすればいいか？　どうすれば人生を変えることができるのか？

それは「つき合う人を変える」ということだ。

つき合う人を変えることによってあなたは簡単に「新しい自分」になることができる。

第一に新しい自分になりきり、そのまま接することができる。心置きなく新しい自分を実験できる。

「お人好しの性格を直したい！」

そう思ったのならば、新しく出会った人の前では少々自分本位に過ごしてみる。

「もっともっと落ち着いた物腰で人と接する人になりたい」

そう思ったのなら、今日「はじめまして」を言う人の前では「おちついた物腰」で話してみる。

そう、つまり、初対面の人の前なら新しい自分に遠慮なくなりきり、照れることなく演じることができるのである。

応用編として、自分が変わるためにもっと効果的な方法がある。

それは「なりたい人と一緒に過ごす時間を1秒でも多くする」ということ。

モテる人になりたければモテる人達のなかにとけ込み、時間を過ごす。少々周囲の足を引っ張る期間もあるだろう。居心地が悪いこともあるかもしれない。しかし、時間が経てばだんだんと自分にもモテる言動やしぐさが身につく。それまでなんとかしてその人たちに食らいつき、一緒の時間を過ごさせてもらう。

お金持ちになりたければ、お金持ち集団のなかに身を置く。少々居心地が悪かろうが関係ない。自分の立ち位置を上手に見つけて、お金持ち集団とともに過ごすのだ。

そうするだけで徐々にお金持ちの物腰と、思考回路と口グセが染みついていく。すでに聞き飽きた言葉かもしれないが、人は普段接している人と同じような人になっていく。あなたはあなたが想像するその何倍も、今接している人からの影響を受けているのだ。

だから変わりたいと思うなら、今ある人脈のなかで「こうなりたい」と思う人たちとの接触をできるだけ増やす。

まずはそこからはじめる。内面を変えるとか、知識を得るとか、準備をするとか、そのあたりは後回しでいい。

「なりたい人と関わる」

まずはそこからだ。

ここで大切なことをひとつ。

それは親しいとは思うけれど、こうはなりたくない、あるいは憧れ感を感じない相手との時間を減らすということ。

たとえばモテたいなら、モテない友人との時間を減らす。そして、モテる同性との時間でプライベートを染め切る。

あるいはお金持ちになりたければ、お金に困っている仲間との時間を減らし、お金持ちとの時間で埋めつくす。

少々冷たいかもしれないが、本気で変わりたいのなら、少なからずこのつき合う仲間の「シフト」が必要になる。

この1週間、この1カ月で構わない。とにかく「つき合う人」を変えてみよう。

こうなりたい！　と感じる人を選び、その人達との時間を最優先してみよう。さらにはその人達の友人とも新たにつながろう。

ここでは、過去の人脈は後回しにする。そのように過ごしてみよう。
そうすることであなたは、必ず変われる。
苦労せずに、自動的に変わることができる。
ぜひ試してみてほしい。

「本当にやりたいこと」を語れる友達はいるか？

30歳を越えたらプライベートの交友関係を変えることも必要である。ただ単に余暇を楽しみ、ストレスを解消するだけではなく「未来のキャリア」を一緒に考えられる友達を持つべきだ。

30歳を過ぎると、仕事もそれなりに覚え、自分の裁量で仕事の段取りや、行く先を決められるようになる。新入社員の頃よりも社会全体がよく見え、自分の意思でさまざまな挑戦ができるようになる。

そんなときだからこそ、よりよい働き方を語り合える友達が必要となる。この年代にこそ、将来を真剣に考え、そして人生をシフトする挑戦をすべきである。

このときに語り合った量と質が、その先5年、10年、15年を変えると言っても過言ではない。

そして、一生のうちに「何が残せたか？」もこのときに語らおう。すると、書き上げた人生設計図すら変わってくる。

この時期につき合ってはいけない友達。それはあなたが人生においてやってみたいと感じることを「否定」し、足を引っ張って挑戦をはばむ友達である。そういう友達の言うことを聞いていると、せっかくの人生は台無しになる。

もちろん仕事の話抜きにひとりの人間として笑い合える友達の存在は、一生を通して、不可欠な存在である。しかし、それだけでなく、「人生を高め合う仲間」が必要だ。互いの挑戦をアイデアや激励の言葉や、あるいはビジネスノウハウを駆使して応援し合える。そんな仲間を持とう。

私の話になるが、30歳前後の頃には本当によく仲間と将来について語り合った。仕事で夢をかなえる方法や、それぞれの目標を毎週のように話した。「相手を否定することは厳禁」というルールを設けながら、「どうやったら実現できるか？」をみんなで考え、発表し合ったのである。

このことは、私だけでなく、その場にいたメンバーの多くの役に立った。実際に

「やりたいこと」を形にして、世の中で活躍している。

もちろん仲のいい友達が必ずしも将来の目標を持っているとは限らない。だいたい、友達のうち未来を語れる相手は3人にひとり程度である。

そういう友達を選別し、語り合いの時間をつくろう。たとえば、居酒屋の個室を予約して飲みながら食べながら、ざっくばらんに話をしてみてほしい。

繰り返しになるが、そこでは「相手を否定するような行為は厳禁」だ。他人の意見を否定してはいけない。「どうしたらそれがうまくいくか?」と、うまくいくための方法を語らおう。

ちなみに、私が30代から試みているこの方法は、現在、「自由人生塾」という形で、毎月第三日曜日に開催している。もし気になった方は、こういった会に参加してみるのもいいだろう。

「つまらない生き方」から脱却する方法

海外では「仕事以外にライフワークを持つ」という文化が当たり前である。しかし日本はどうだろうか？　仕事一色の人が多くはないだろうか。気がつけば、プライベートにも仕事の関係者しか存在せず、話題といえば仕事の話ばかり。プライベートの人間関係を根こそぎ奪う。そんな労働文化が日本の特徴である。

この状況を海外の人々は不思議に感じているようだ。「日本の中年男性は世界で一番つまらない生き方をしている」と言われている。不名誉ながらそれは事実だ。「仕事だけの人生ではなく、ボランティア的な要素を含んだライフワークや奉仕活動をしたほうが人間は幸せである」海外の大学ではそのような研究結果を発表している。

日本にはその事実に気づかずに、ただ死に物狂いに競争レースに身を置き、心身を壊す人が大勢いる。年間に3万人もの自殺者が出るという。

もっと健康に、心に余裕を持って生きることを楽しんでみないか。それに必要なのは、仕事以外にライフワークを持つことだ。

ライフワークといってもいろいろある。

料理教室、イベントや講座、スポーツ大会の開催、環境ボランティアや地域の子ども教育のボランティアへの参加、サークルの運営などなど。このような活動をあなたも小さくはじめてみることである。

そのテーマが魅力的であれば、それに賛同した同じような志の人が集まってくる。魅力的な人脈が増えるのである。あなたにそれほどの社交性や魅力がなくとも、「テーマ」が人との出会いを与えてくれる。

どんなライフワークをはじめるか？

それが今後の人生の出会いを決める。

自分が心底惚れ込めるライフワークを持つことで、あなたは確実に「いい顔」になる。好きなことに没頭し、脳内に分泌されたドーパミンの効果に酔いしれることができる。そして、その感覚を理解し合える人々に出会えるのだ。認め合い、愛着を持ち合うことで気持ちも大きく変わってくる。

これがあなたをいい顔に変えるのである。

一度、鏡をのぞいてみよう。苦虫をつぶしたような顔をしていないだろうか？　会社でイヤな仕事をイヤな人々に囲まれながらやっている。自分の思い通りに仕事が進むわけでもなく、その仕事をしたところで特に認められるわけでもない。そのような環境が苦虫をつぶしたような顔をつくる。

けれど、社外のライフワークに挑戦することで、気持ちがワクワクするような人脈に出会え、「いい顔」に変えてくれるのである。

もし気持ちをすっきりさせ、いい顔になりたかったら、自分のライフワークを探してみよう。

相手の未来にエールを送ると、自分の未来に奇跡が起きる

知り合った相手は何を望んでいるだろうか？　将来に向かってどんな希望を持っているだろうか？　出会った直後にこのテーマに注意を向けるのと向けないのとでは、その後の人間関係がまったく違ってくる。

「出会った相手の望んでいることを知る」

まずはそれだけでいい。相手の望む未来を理解する。それだけであなたが相手と接する物腰も、話題もそしてふたりを包む周波数も格段に違ってくる。

すでに見知った相手でもそれは同じことだ。相手は最近何か新しいことにチャレンジしはじめていないだろうか？

転職でも起業でも趣味でも恋でもいい。何か新しいことに踏み出そうとしていないかに注意を払う。そして相手の希望に興味を持つ。それだけで相手との人間関係

は変わる。ふたりの間を流れる空気は希望に満ち溢れたものに早変わりする。

そして大切なことは、たとえその目標や夢が今はまだ陽の目を見ていなくても、相手がそれに向かって熱意を抱いているならば、自分なりに小さなことから応援するということである。

常に頑張る人を応援する。すると不思議なことにそのうち周囲からも逆に応援してもらえるようになる。「お返し応援」である。

一人ひとりからの応援は微量でも、それが集まることで大きな力となる。

あなたが寄せた他人の未来への期待や応援が、同じように相手から返ってくるのである。プロジェクトを成功させるために必要な知恵を与えてくれたり、夢をかなえるために重要な人物に引きあわせてくれたりすることもある。

人間は本当に不思議なもので、他人の夢や希望をすすんで応援する人もいれば、他人の夢にケチをつけたり、夢を見ることに異常なまでの嫌悪感を抱いたりする人もいる。

けれど、誰だって自分の未来に希望を持ちたい。成功と輝きを信じたい。もし本当にそうなりたいならば、他人の未来にもしっかり期待することが必要なのだ。

仲間や知人の未来の成功を信じられる人は、自分の未来にも奇跡を起こすことができる。理由は実はシンプルだ。「もっとこうしたらよくなるだろう」と他人のことを常に考え、知恵を絞ることの繰り返しが、実は自分の未来を開拓するための訓練にもなっているからだ。

あなたから応援されてうまくいきはじめた人は、必ずあなたを応援し返してくれる。それが複数の相手に及ぶ場合は、あなたは多方面からのアシストを受けることになる。

そのような生き方を積み重ねる人がうまくいかないわけがないのである。

相手の未来を応援すれば、必ず自分の未来にも奇跡が起こる。これぞ、相互応援関係をつくる肝となる考え方である。

つき合いを「お金」に換算しない

仕事のつき合いなどで、いわゆる経済的に成功した人と会うことがある。しかし、そのタイプは大きくふたつに大別されるように思う。

ひとつは「生きることが楽しそうな成功者」のタイプ。もうひとつは「生きることが辛そうな成功者」のタイプである。

後者からは負のオーラが立ち上り、「年収何千万です」と言われても、憧れの気持ちすら抱かない。それどころか、「ああはなりたくない」と思ってしまうのである。たいてい、そういうタイプの人は、聞いてもいないのに自ら年収を言い出すのだが、そもそも他人に年収をひけらかす時点で、心の闇は明らかである。

このようなタイプの人は多くの場合、人とのつき合いをお金に換算している。あるいはつき合う人を「年収」で評価し、それを言葉にしてしまうのである。

その瞬間、その人の立ち位置は下がり、嫌われるのである。生理的に嫌われてしまっては、たとえどんなに優秀だと本人が思っていたとしても、社会では受け入れられない。

たしかに、客単価、時間単価でものを考えられる人は優秀である。それは今、自分は「ひとりの人に会うたびにいくら稼いでいるか?」を考えられる人であり、「1時間でいくら稼いだ」と計算できる人だからである。

しかし、プライベートなつき合いにおいてまで、そういうフィルターでしか人間を見られない人になってはいけない。本人が次第に辛くなるだけではない。周囲から見て「迷惑な存在」となるからだ。「ああいう人とつき合うと人間性が下がる」「レベルが低すぎる」と称されることもある。

会社名や役職、年収の高い低いを切り離し、人間的な魅力を感じ取る力を養おう。損得のフィルターを通さずに人とつき合おう。そのチャンネルをなくした成功者は、たとえ一時は成功したように見えても、後で見事に崩壊していく。いつもくだらないことでキリキリして、心のなかでグルグルと憎悪を抱くようになるのである。

そのような成功者にだけはなってはいけない。いままでいろいろな成功者を見てきたが、そういった人のことはことごとく遠ざけてきた。そして、今つき合いのある成功者はみな、損得のフィルターだけで人や物事を見ない人たちばかりである。もし成功路線に乗ってきたと思ったら、「お金」に換算しない人つき合いを大切にすることを今一度思い出してほしい。そして、損得抜きに周囲に奉仕をする。出会いのない友達のために飲み会を開くことでもいい。

うまくいきはじめたときこそ、この気持ちを思い返すことが肝心だ。その奉仕の継続こそが、あなたの心の健康状態を維持してくれるのだ。

人は「お金に換算しない生き方」をする時間を人生のなかに設けないとおかしくなる。そしてお金に変えられない充実感、満足感、一体感、感動を得ることではじめて本当の幸せを感じることができる。お金があって、さらにお金に変えられない時間を所有する。それが本当の成功者の姿である。

あなたが出会うべきは、お金に換算しないものさしを持つ成功者との出会いである。そして切り捨てるべきは、「金の亡者オーラ全開の成功者」との縁である。

三十路過ぎこそスポーツ人脈を――心身の強化があなたを支える

気持ちのいい人間関係をつくりたければ、スポーツをはじめるといい。スポーツをすることで生まれる横のつながりは、実にすがすがしいものだ。ビジネスや利害関係、年齢、収入、性別、人種を飛び越え、ひとりの「対人間」としての人間関係を楽しむことができる。

話題はそのスポーツを軸に展開するため、尽きることがない。さらにはさまざまな物事の判断基準は、そのスポーツの判断基準や価値観にのっとって行われる。格闘技であれば、男らしく、力強く、ワイルドに、そして潔い態度で会話が交わされ、行動の基準もそれに従う。ゴルフであれば紳士的に、頭脳的に、スタイルを重視し、エレガントになる。

私も趣味であるキックボクシングの仲間と集うことが多いが、そこには、料理人、建設会社、美容師、医師、中学生、高校生、警察官など、年齢や性別、職業に関係なく、さまざまな人間が集う。

そして、いつもみんなと集うだけで健康になる。気分がすっきり晴れるのである。仕事を切り離した人脈で心のケガを癒すことにも役立っている。

「ただの人」になれる気楽さがポイントだ。日本を代表する有名企業の社長さんが、その身分を隠して一緒に練習し、練習後は安い居酒屋で肩を叩き合って打撃技について語り合う。「人間対人間」のつき合いを楽しんでいる。

このスポーツがなければ、なかなか関われない分野の人とのふれあいが楽しい。私を含め、彼らは仕事とはまったく別の世界でひとりの人間として生きることを精一杯楽しんでいる。

あなたもスポーツを通じてすがすがしい人間関係を構築しよう。

文句なしにあなたの人生を楽しくしてくれるはずである。

バカになれる——これぞ、大人の教養

いい人間関係をつくるためのエッセンスとしてオススメなのが、「バカになれる側面を持つ」ということ。時と場合により、ほんの少しバカになれるだけで、人間関係はおもしろいようにうまくいく。肩の力が抜けて、楽になるだけでなく、相手の心も楽にしてあげることができるから一挙両得だ。リラックスした状態で、互いの心をもっとも「快」にしながら、人間関係を育むことができる。

「でも自分はもともとバカになるようなキャラでもないし……」

そのような人も心配ない。

たとえ昔からの友達の前ではバカになれなくとも、出会ったばかりの人の前では意外にバカになりやすいものである。

なぜなら、相手はあなたの過去を知らない。だから、あなたはいくらでも新しい自分になりきることができるのである。

それでもなかなかバカになれないという人は、旅に出てみるといい。「旅の恥はかき捨て」とはよく言ったもので、旅をすると心がどこか開放的になり、心の鎖もほどけて、ほどよくバカになれるはずである。

バカになれないだけで、人間関係はとたんに乏しくなる。あなたの本当の魅力も、そして相手の本当の魅力も互いに見ることなく、時を過ごしてしまうからだ。

あなたがバカになれば相手も自《おの》ずと心を開き、持てるバカの技術を披露しはじめるだろう。けれど、あなたがかしこまっている限り、相手だって心を開くことはないのだ。

よく、たくさん読書して、セミナーや講座に通って、勉強して自分を高めているが、ユーモアセンスや愛嬌、バカになれる要素もなければ、ツッコミどころもなく、硬い表情をして自分を高めたつもりになっている人と遭遇する。

しかしそういう人は自分で思っているほど、おもしろくない。

もっともっと「バカだね～」と突っ込まれる要素を磨かずして、自分磨きをしていることにはならないのである。

自分からいくら自らのはみ出しっぷりを語ったところで、それはただ寒いだけ。「バカになれる男の魅力」は何も言わなくてもオーラとして自然と立ち上るのである。話した感じ、立ち姿、言葉使い、声の張りなどから、言い訳なしに受け取れてしまうのだ。

このオーラは狭い部屋で読書ばかりしていては決して磨かれはしない。バカになれる、愉快な生身の人間と語らい、ふざけ合い、笑わないことには難しいのである。

もっともっとバカになっていい。

それぐらいで丁度いい。

バカになれることは立派な大人の教養である。

人づき合いが、「残念な人」「弱い人」になることを防ぐ

世の中には「残念」と言われる人が存在する。その言動で周囲を興ざめさせてしまう人。

つまり、周囲を「しらけさせてしまう人」である。このタイプは両極端に分かれる。

「自信過剰な人」そして「自信がなさすぎる人」である。

自信が過剰すぎる人は、いつも自分の自慢話をしたり、あるいは周囲に自分の考えを押しつけたり、周囲を否定したり、あるいはバカにしたりする。このような人は能力のあるなしにかかわらず周囲から「痛い人」と思われ、決して尊敬はされない。

逆に、自分に自信がなさすぎる人は、自分を卑下してばかりいたり、言動があや

ふやだったり、些細なことですぐに落ち込んで動きが止まったりする。それにより、約束事も守れなかったり、仕事も止まったりすることがある。自分を責めることに酔いしれ、周囲が見えなくなる。このような人も、周囲をしらけさせ、そしてイライラさせる。

両者とも、ほかの人から共感を得られず、独りよがりの人生を余儀なくされる典型と言えるだろう。彼らは周囲や社会との不調和を常に考えながら、ときに周囲に敵意を持ち、「なんで自分のことをわかってくれないのか?」という葛藤を抱き続ける。しかし、たいていは自分のいびつな思考と言動を棚にあげ、その歪みに気づかないまま過ごしている。

このように言うと、まるで特定の人々を指して病人扱いをしているように見えるだろう。しかし、明日は我が身だ。この状況には誰でも陥る危険性がある。

にわかに仕事が成功してしまったり、あるいは突然、会社で部署移動になったり、急激にこれまでとは違った環境に追いやられたとき。つまり、急激に自己認識、自分への評価が変わるような出来事が起こったとき、人は「自分の軸」を失いやすくなる。私は今までそのような人を何人も見てきた。そのたびにその人に落胆し、そして正直、心をしらけさせてきた。

しかし、なかには、茫然自失になってもおかしくない状態に追い込まれても、絶対に自分軸がぶれない人もいる。

私はそういう人を見たとき、その人に人間として惚《ほ》れる。そして本心で接する安心感を覚える。本音で深くつき合い、一生の縁として大切にしていきたいと感じるのだ。

動揺しない人。ほんとうの自分を持っている人。

そのような人であるかどうかは、いざ追い込まれたとき、あるいはその逆にその人が絶好調な状態にいるときにわかる。

いつでも自分軸を持ち、自信と周囲への明るい態度を併せ持つ人は、人を惹きつけてやまない。しかし、ちょっとしたことに動揺して言動に一貫性がなくなったり、筋が通らない発言をしたり、子どものような言い訳をする人は信頼されない。たとえどんなにいい人だとしても、おおまかに言うと「悪人」の部類に区分けされる。

そして本能的に、あまり深く関わってはいけないと感じてしまう。

あるいは出世して大金持ちになっても、謙虚な物腰とひとりの人間として生きる人。自然体な言動、態度のともなう人。

こういう人は尊敬に値するし、信頼してつき合える。しかし、出世し大金持ちになったことで動揺し、周囲への態度が横柄になったり、バカにしたり、不快になったりする人は、信頼できない。

いかなる境遇でも、対人態度に「おかしさ」が見られない人。そういう人はどうやってつくられるか？

仕事をするだけでなく、自分らしさを確信できる舞台を持っている。その場において、「本当の自分はこうだ！」と信じきれる時間を持っているかどうかではないかと思っている。

その理由のひとつに、私自身もそのような仲間を常に持つことにより、本が売れに売れた絶好調のときも、そして逆に独立当時、借金地獄に陥ったときも、ほとんどセルフイメージが変わらなかったからだ。本当にお金がなくてまずい。家族を路頭に迷わせてしまう。そのように感じるような、究極に追い詰められたときでも、友人から結婚式の幹事を頼まれたら快く引き受けた。

「今、こんな大変なのに、こんなときに頼られても困る……」と思うことは決してなかった。逆に「頼ってくれてありがとう」と思えたほどである。

「人間としてやるべきことをやろう」「仕事を切り離して人として大切なことをやってのけよう」

そう信じ込めたのだ。

私はただの「仕事がうまくいかずに、仕事に殺されかけた人」ではなく、その瞬間、友を祝福しよい思い出をつくり、参加者を喜ばせるエンターテイナーになりきれた。

このことは、今でも「ぶれない自分」であることを信じ切れる、絶対的な自信となっている。

このような自分になれたのは「本当の自分として輝く場所が、仕事以外の場所にあった」からである。そこに愛する仲間がいて、自分とは「こういう人間である」

という非常に強いセルフイメージがあったから。

子どもの自我は親がつくる。そう、人間環境がつくる。

そして、社会人、大人もまったく同じこと。生活する人間環境がその人の人格、アイデンティティをつくる。

そういう意味で、会社のアイデンティティしかない人は危険だ。会社は基本的に経営者に利益を残す仕組みになっている。「兵隊システム」のなかに自分のアイデンティティを押し込む。それでいながら、「これが自分のすべてだ」と言い切れること自体がおかしい。

魂はその会社に大きく振り回される。そうではなく、どこにいても、何をやっていても「自分は自分」と感じられる場所が必要だと思う。

たとえ、いくら本が売れても、私は私をただの「人生を楽しむ人」だとしか思っていない。だから、プライベートでは何業の誰であるかということは完全に脱ぎ捨てる。そして、いままで傲慢な態度を取ることも一度もなかった。なぜなら、仕事以外の人間関係、コミュニティが、仕事よりももっと心地いい、絶対にぶれない自分を証明してくれていたからだ。
強い心は仕事を越えた、人間関係、人脈、友人、家族、恋人によってつくられる。
そして支えられる。これが真実だ。
さあ、あなたはどうするか？
強い自分、ぶれない自分になるために何が必要か？
もう一度考えてみてほしい。

第7章

思い通りに事を運ぶための人間関係の築き方

嫌いな人とはこのように距離を取れ!

嫌いな相手のことは、できるだけ避けたほうがいい。なぜなら、時間のムダだからである。「誰とでも仲良くできたほうがいい」と学校の授業では教えられる。しかし、避けなければ自分に火の粉が降りかかってくるような相手もいる。

第一、誰とでも仲良くできる人がいたとしたら、そのほうが気持ち悪い。どんな人でも1割くらいの相手とはうまくいかないはずだ。そのことは諦めてもいいし、そのほうが実はムダなストレスもなくなるので、心身にもいい。

「でも、あからさまに距離を置いたり、メールなどに返事を返さなかったりするのは、ちょっと気まずい」「相手を傷つけてしまうようで、かわいそう」「恨みを買ったらどうしよう」そんなふうに思う人もいるだろう。しかし、そのような思い込みに負け続けているからこそ、これまで嫌いな人との縁が切れていないのである。

人は忘れる生き物である。あなたが事あるごとに相手からの誘いを断ったとしても、相手はやがてその事実さえ忘れるようにできている。相手だってその事実を忘れないことには前向きには生きられない。相手も自分のために「忘れる」のである。あなたが距離を置いた相手も、いつしか自分が生きることに精一杯になる。やがて、冷たくあしらわれたことすら忘れていく。だから、苦手と思う人と距離を置くことに躊躇《ちゅうちょ》する必要はない。

嫌いな人から連絡がきたら、なるべく電話には出ない。メールもできるだけ返事をしない。もし返信しなければいけない場合には、「忙しさ」を理由に誘いや依頼を断ろう。

良心が痛む、という場合には、究極の方法がある。届いたメールを内容も見ずにそのまま消去するのだ。下手に内容を見てしまうと情がわき、つい返事をしてしまいがちだ。内容を見なければ返事のしようがない。

万が一、そのメールにとても重要なことが書かれていて、相手が激怒してどなり込んできた場合には、「メールが埋もれていて、気づかなかった」と言えばいい。

もちろん仕事のメールであれば、全部を無視することは難しいだろう。しかし、それでも少しでもいいので「無視」をする時間を持とう。

心をスッキリさせながらすがすがしく生きるためには、嫌いな人と距離を置くことは絶対不可欠なのである。

もちろん、あなたが淘汰されることもあるだろう。

おそらくこれまでに何度か「無視」や距離を置かれた経験はあるのではないだろうか。けれど、人とはそういうものだ。距離を置かれたことをくよくよ考えて、思い煩《わずら》う必要はない。

それぞれが心地よい人生を歩めればいい。絶妙なバランスでこれができる人は、いつも明るくスッキリした気分でいられる。

なぜなら、無理してつき合うイヤな相手がいないからである。

悪口は5回に1回言っていい

「いい人間関係をつくるためには、ネガティブな発言は控えるべきだ」とよく言われる。たしかにそれはほとんど正しい。しかしそれも「過ぎたるは及ばざるがごとし」である。

ネガティブな言葉をあまりにも封印しすぎると、まずストレスが溜まるだろう。本当ならば、相手に文句を言ってもいいレベルの出来事に遭遇しても笑っている。まったく怒らない。それは歯がゆく、そして嘘くさくもある。そんな人間を演じていては、周囲の反応も悪化する。「この人はそもそも怒れないのではないか？」とも思われてしまうだろう。

怒るべきときに怒れないのは、必要なときにきちんと自分の主張ができないということ。それは弱さを彷彿させ、流されやすく不誠実な人柄も連想させる。

いい人間関係をつくり、同時にストレスを溜めずに生きたいなら、怒るべきときにはしっかりと怒るべきである。

悪口だって月に1回程度なら言っていい。短い言葉で、リズムよく、言い切ることだ。ネガティブな言葉や悪口をほんの少し言うだけで、相手はあなたが本心で接してくれていると思うのだ。一方、あなた自身も胸の内を吐き出すことで楽になる。共感は癒しになる。

過去に私は、「1年間、絶対に人の悪口を言わない。公の場で怒ったりもしない」と決意したことがあった。当然、人との衝突は減り、平穏な日々が訪れた。

しかし、同時に悪いものも降りかかってきた。バカにされたりけなされたりしてイヤな思いをしながらも笑顔で過ごす。「怒らないということはこういうことか……」と思いながらも、内臓に染み渡る、苦く、不快なもどかしい嘘の味をイヤというほど味わった。たしかに平穏ではあったが、内面はドブのように腐り切ってしまったような感触だった。何のために均衡を保っているのか？　まったく意味のない我慢をしている気がした。さらにはある人から、「みんなに笑顔で、本来ならば言うべきときに言うべきことを言わない。だから信頼できない。嘘くさい」とも言われた。自分もストレスを溜め、さらに周囲からもそんなことを言われる。踏んだり蹴ったりの思いをした。

そこで私はスタンスを変えた。10回に1回、あるいは5回に1回は不条理なことには強く文句を言うようにした。イヤなヤツには、はっきり「イヤ」と言う。たとえそれが仕事のことであっても「自営業なのだから」と居直り、好き嫌いをはっきりと出してみたのである。

その結果、人間関係にパラダイスが訪れた。イヤな相手、つまり合わない相手は、瞬時に視界からいなくなった。そして気の合う、楽しく、創造的な、それでいて仕事も一緒にできる相手との出会いが流れ込んできたのである。その数、1年にして500人。しかも、すべて自分で選んだ相手である。

自分に少しだけ正直になった途端、人生に必要な心地よい人間関係と心地よい精神状態が訪れたのだ。これこそ「幸せ」以外の何者でもない。確信を持って言える。

あなたもぜひ試してみてほしい。人生に革命が訪れるはずだ。

メールの文章はポジティブに――ネガメールは人を遠ざける

メールを書く際のちょっとした「クセ」が、人間関係を豊かにもするし、不毛にも変えてしまう。大げさに聞こえるかもしれないが、これは事実である。

メールで表現される文字には、不思議な力が宿る。「言霊《ことだま》」とはよく言ったもので、文字でポジティブな表現をすれば、何倍にもポジティブになって相手に伝わる。

逆に、ネガティブな表現を書けば、実際に肉声で発した何倍もネガティブな印象を相手に与えてしまう。つい、メールで否定的な表現を使っていないだろうか？

実は悪気がなかろうと、否定的な言葉は思った以上に相手の心にネガティブな打撃を与えるものなのである。

最近、なんとなくみんながよそよそしい。あるいは社交辞令で仕方なくつき合ってくれているような気がする。

そう感じる人は気をつけよう。それはもしかしたら、知らず知らずのうちに投げかけるネガティブな表現のせいかもしれない。

とくに、管理職になって誰かの行動をチェックし、ダメ出しをする習慣がついている人ほど注意したい。口調や視点がまるで「指摘」するような調子になっている可能性がある。それを交遊の場、あるいは仕事関係でも仕事以外のレクリエーションのコミュニティで同じようなことをやってはいないだろうか。それを行なった瞬間から、人は離れていく。

では、どうすればメールなどで人間関係を壊すことを防げるだろうか？

その答えはシンプルだ。ある習慣を身につければいい。メールの文章をなるべくポジティブにすること。おおげさに言えば「否定表現」を使わずに表現をするのである。もし、否定表現をしなければならないときにはメールではなく、直接会って口頭で用件を伝える。もし文字で伝えなければならないときは、極力攻撃的にならないようにし、改善点を丁寧にお願いする。

これを行なうことで人間関係に「闇」は漂わない。

必要以上にネガティブなメールを送ってくる相手のことを人はどう思うか？

「あの人は病んでいる」「心に闇があるのでは？」

一瞬にしてそう感じ取るのである。わざわざ考えたり、分析したりするのではなく、自然とそう「感じてしまう」のだ。

人はいくら正しいことを言っていても、嫌われたらおしまいである。ムダに嫌われる勇気を発揮し、安売りしてはいけない。

それは余裕がない人による、ただの迷惑行為にすぎない。

デキるのに、人望の薄い人の共通点とは？

頭もよく、自分の意見をしっかりと持ち、言うことはいつも正しい。それなのに、ちょっと周囲から不快に思われ、煙たがられる人がいる。

それは自分の意見を必要以上に押しつけるタイプの人だ。

彼らはたとえ頭脳明晰《めいせき》で自信にあふれていても、嫌われる。一緒にいても息が詰まり、なんとなく居心地が悪い。

不快感を周囲に与えながらも自己主張するので、実は人望も薄く、出世も難しい。相手の話を最後まで聞く余裕がなく途中で口をはさむため、相手に言い足りないような不完全燃焼の気持ちを与えてしまう。会話の意味も歪曲してとらえ、とんちんかんな議題へと話がそれてしまう。そのうえで自分の意見を押しつける。

たとえ有能でも、これでは宝の持ち腐れである。

もしあなたがこのようなタイプである恐れがある場合は、1日も早く改善することをおすすめする。どんなに努力をして有能さをアピールしても、仕事でもプライベートでも陽の目を見ることはない。

意見は決して相手に押しつけてはいけない。

あなたの意見は、ひとつの考え方に過ぎないからだ。

自分ではレベルが高いと思っていても、周囲はまったくそのように評価しないこともある。いろいろな意見を聞く気持ちの余裕、他人の主張を聞く心の余裕。もっと考えや意見を聞き出す余裕、そして相手の意見を受け入れる安定感を身につけたい。

そのひとつに饒舌《じょうぜつ》な人ほど「しゃべりすぎない」ことを意識したい。

なぜなら、「多弁症」「会話のキャッチボール障害」が友好関係を壊すからだ。

実はこれには私にも心当たりがある。

最近はだいぶ治ってきたが、30代前半までは「しゃべりすぎ」のきらいがあった。自分でもおかしな空気になったなあ、と感じられることは何度もあった。盛り上げようとして、ついしゃべりすぎてしまうのだ。聞き上手、間合い上手をうらやましく思ったこともある。

「聞く勇気」を持とう。

それだけで人間関係はグンとよくなる。

相手に意見を押しつけない。相手に何かを言われても、ムキにならない。めんどくさくない人になる。

深呼吸して受け止める勇気を持とうではないか。

友達に「嫌われた？」と思ったときの気持ちの立て直し方

「もしかして、自分は嫌われたのではないだろうか？」とSNSを通じて気づいてしまうときがないだろうか？

たとえば、ある友達が、ほかの友達には「いいね」や「コメント」をつけているのに、自分にはいっさいそれがないことに気づいたとき。あるいは特定の人のタイムラインが突然表示されなくなるときなどである。

知りたくもないのに、明らかに〝それ〟に気づいてしまうことがある。不思議なことに、意外と距離が近いはずの人が、突然そうなることがある。

それに気づいた瞬間、誰でも心のなかに暗雲が立ち込める。特に気にしやすい性格の人の場合、まるで自分自身の存在を真っ向から否定されたように感じ、悶々と悩んでしまうこともあるだろう。

しかし、そのような場合でもあなたの「人間関係力」がモノを言う。それは別に、その人との関係を取り戻すということではない。相手との関係はそのままにしながら、自分の未来に希望を抱き、さらには人間が好きな状態を維持できる方法である。

それは言い換えれば、事実は事実として淡々と受け止め、やるべきことに前向きに集中できる状態と言える。そして、人を信じ、新たに出会い続ける、もしくはその状態に自らを持っていける。

そんな何のムダも痛みもない状態になることができるのである。心の痛みも傷も最小限に抑えながら、人生を有意義に積み重ねることができる。

人間とは所詮、心変わりする動物。たとえ、１８０度態度が変わっても何も不思議ではない生き物である。

心底そう信じ切るだけでいい。

それだけであなたの心のスイッチは切り替わり、苦しみは限りなくゼロに近づく。愛すべき隣人や20年来の友、あるいは家族でさえも「突如心変わりすることがある」と心のどこかで覚悟さえできればいい。それができる人はムダに傷つくことはない。

「そのように思うことは難しい」

そう思うあなたも大丈夫。やがて訪れる自分の死を想像してみよう。寿命、命の終わり、終焉である。そして、人間関係にも同じようにそれが存在すると考えるのである。

もちろん、人間関係には復活もあるだろうし、その後一生続く強固な関係となることもある。しかし心変わりによる人間関係の「死」も十分有り得るのである。

そう考えれば、いい意味で心を殺風景な状態にして冷静さを保つことができるのではないだろうか。たとえば明日、誰かとの関係が突然そのような状態に陥っても、その状況を静かに受け止めることができるはずだ。

そして、そのときにもっとも強い「痛み止め」となるのが、魅力的な人と出会い続けるライフスタイルである。これさえあれば、あなたの心の痛みは最小限に治まるのである。

さらには、未来に希望を抱き続けられる。体と同じく人間関係も新陳代謝して、常に新しくつくられ、寿命を終えたり、小休止したりした関係と入れ替わる。

そのことを受け止めながら、「自分にはいい出会いがたくさんある。この先にも、いい出会いはいくらでも流れ込んでくる。去る者を追わなくても、よい人間関係がどんどん流れ込んでくる」と信じ切れるのである。

この状態さえ維持できれば、急にＦａｃｅｂｏｏｋから特定の友達がいなくなった、あるいは「いいね」が減ったことに思い悩むことはなくなる。

人間関係は活かすためにあるのだから、もうそれ以上、些細なことで悩む必要はない。

なぜか嫌われる人、イヤがられる人——その理由とは？

なぜか嫌われる、相手から避けられる、仲間ができない。友達関係が続かない。人から嫌われてしまったことはないだろうか。そのとき、その理由に気づくことができただろうか？

私の場合には、自分で気づいている部分と、自分では気づけていない部分がある。自分で認識している「嫌われポイント」は、まず親しい仲になると、悪ふざけに度が過ぎる傾向がある。正確には「あった」という表現がふさわしいかもしれない。たとえば、友人に変なあだ名をつけたり、酔いつぶれた相手の顔に落書きをしたりするなど幼稚な悪戯をする。それがイヤで離れていった人もいる。もちろん、それによって距離が縮まり、一緒にいる時間が増えた仲間もいるが。それから、異常にポジティブであるという点は、慎重な人からみたら受け入れがたいところがあるかもしれない。あとは、ロマンを語ること。これも現実主義者にはたまらなく嫌なようだ。

「あいつは楽しければいいのか？」「ただのバカだ」「知性が低い」と思われ、遠ざけられることも数知れなかった。

あなたはどうだろうか？　あなたにも必ず人を遠ざける「何か」が潜んでいるはずだ。そのことによって「つながりたくない人」を遠ざけるのならまったく問題ない。それはむしろ歓迎である。ムダで意味のない、不毛で不快なストレスを遠ざけることができるからだ。

しかし、あなたが出会いたい、魅力を感じる、人生にとって有益な人を遠ざける要因になっているとしたら、もったいない。それは人生の恩恵を自らはね除けていることになるからだ。

では、あなた自身の「嫌われる理由」とは何だろうか？　ここでごく一般的な理由を紹介したい。

暗い、見た目に気を使わなさすぎる、会話が続かない、しゃべりすぎる、あるいはしゃべらなさすぎる、自慢話が多い、人の悪口が目立つ、世間を知らなさすぎる、否定的な意見が多い、心が不安定など。

これらはとくに向上心があり、前向きに人生を楽しもうとする人からは避けられがちである。

出会いを広げ、魅力的な人と出会い、心にいつもいいエネルギーを吸収し、人生に達成感を感じ続けたい。そう思うのであれば、このような態度は絶対に避けたほうがいいだろう。

「もともとそういう性格だから」と諦めた瞬間、あなたの成長は止まる。

2年後も5年後も今と同じ状態のまま人を遠ざけ続けるだろう。

まずは自分が避けられる理由を客観視してみよう。

これだけは絶対にやってはいけない——思い込みの被害妄想発言

いい出会いはストレス解消になるばかりでなく、心や知識の栄養分を吸収する機会にもなる。さらには人生を有意義に生きているという実感も得られる。しかし、そうなるためには、少なくとも人に不快感を与える人であってはいけない。

あなた自身が人から嫌われる人、避けられる人である限り、いい出会いはやってこない。せっかく魅力的な人が集まる会に出席しても、そこであなたは誰かとつながることはないだろう。たとえ、初回は運良く魅力的な人の集まりに参加できたとしても、次に呼ばれない可能性は大である。名刺交換したとしても、その先会えるとは限らないのだ。

世の中にはある一定の法則がある。

魅力的な人は魅力的な人とくっつき、集う。

成功者は成功者とくっつき、そして集うのである。

恋愛においても同じ。モテる人はモテる階層の人と恋に落ち、そして結婚し、家族を築く。その逆もしかりである。

さらに残酷な事実がある。

それは何においても魅力的ではない人、あるいは人から嫌われるタイプの人は「誰ともくっつかない」ということ。

魅力的ではない人、人に知らず知らずのうちに不快感を与えてしまう人は、互いにくっつくことなく、いがみ合い、悪口を言い合い、「あんな人とはつながりたくない」とののしり合って終わるのだ。

まさに「目くそ鼻くそを笑う」状態である。友好関係においても、ビジネス、恋愛や結婚においても、この法則は成り立っている。

外見や会話に関しては、場数を踏んだり、あるいは自己改善をはかったりすることによってある程度磨くことはできる。

しかし、1カ所だけでも致命的なマイナス要因になる「あるクセ」について述べたい。この手の人は何度注意されても、治らないケースが多い。

ズバリ、それは「負の思い込みをする人」である。「思い込みによる被害妄想」を抱え、勘違いから生じた「自分の怒り」を言葉にし、周囲を巻き込む人である。「私は悪く思われているに違いない。ひどい！　困った！」「あなたはそうやって私のことを貶めるのね」「攻撃されている」

あるいは「私におそらく気があるけれど、私がつれないから辛く当たってくるのね」など、はっきりとした証拠もないのに、勝手に思い込む人。そしてその後の物語を勝手に展開してしまう人だ。

頭のなかであれこれ考えて不機嫌になり、妄想で敵をつくったり、あるいは必要のない派閥をつくろうとしたりする人などは目もあてられない。

自分がこのような状態になっていないか、一度自分自身をチェックしてみよう。こういったクセがある限り、あなたは出会いによる恩恵を得ることは難しい。もし今、家族が近くにいるのなら、自分にそのような性癖がないかを聞いてみよう。

被害妄想が人を遠ざける。

今のうちにその致命的な心のクセをしっかり矯正しよう。
ストレスを溜めない人生にするために、そして周囲に公害を振りまかないためにも。

エピローグ

人生の地図を
今日から
大きく塗りかえよう!

最後までお読みいただいたことに心より感謝を申し上げたい。

本書で紹介したことは、〝たったひとつ〟である。

それは**「出会い続ければ、幸せな人生になる」**ということ。

このことの大切さを、ただ切々と、そして徹底的に、しつこいくらいに解説させていただいた。逆にこれ以外のことは書いていないと言ってもいいだろう。

本書で紹介した内容の効能は、本など読まなくとも気づいていることではないだろうか。しかしそれをわざわざ本にまとめたのには、理由がある。

それは気づいていても、実際に行動する人は少ない。つまり、出会い続ける生活を継続的に行なっている人はごく限られているからだ。

私が本書を書いた理由はそこにある。

今の日本には、会社と家の往復を繰り返す人たちが驚くほど多い。会社外の交流会に行っても挙動不審になったり、緊張して萎縮したり、話題が続かなかったり、あるいは酒の勢いを借りて酔ったはいいが、下衆《げす》なノリに走ってしまう。そんな人のオンパレードである。さまざまな現場に行くと、初対面の人と楽しくセンスよく話せる人と、不自然に硬直したり、痛く虚勢を張ったりする人の両極端に分かれるところをよく見かける。しかも、センスよく話せる人のほうが圧倒的に少ないのである。

つまり、**日本人の多くは、本当の自分を出せないまま、心を閉ざし、不自然なまま生きている**ということだ。

出会いに慣れていない。

初対面の人が集まる場、そして初対面の人と話すことに慣れていない。しかも、仕事を切り離した本来の自分のまま出会いを楽しむことができない。そんな人がほとんどのように思える。

出会い続ければ、人生が充実する。そのことには気づいていたとしても、実際にそれを実行し、継続する人は限られている。

私自身、「出会い続ける生活」から遠のきそうになったこともある。そして、そのときの弊害を身にしみて感じた。はっきり言って、仕事は絶好調だった。しかし、出会いの枯渇した生活をしていた。いや、出会いはあった。新聞、雑誌、テレビをはじめとするメディアや広告代理店など。仕事を通じて、一見華やかな出会いがあった。けれど、すべては仕事の世界観のなかで、本当の自分を出さないまま、奥歯にものが挟まったような物言いで、対応せざるをえなかった。

そのなかでは、いつも楽しいふりをしていた。けれど、それは本当の出会いとは言えない。結果として、心身ともに最悪の状態に陥った。

一方で、その真逆の状態も知っている。本当の自分らしい自分で、プライベートモードで出会い続け、仕事の利害関係以外で新しい出会いを積み重ねたということ。

この2年間、選ばれし人々を集ったイベントを毎週必ず開催してきた。それにより男女問わず魅力的な人との出会いが、怒濤《どとう》のように流れ込んだ。新しい友情が芽生えたり、十分友達になってから仕事を一緒にしたりすることも増えた。

何より私は今、生きることを楽しんでいる。

1秒1秒、人生を謳歌し、開かれた心で日々を過ごしている。

そして、それほど望んでいなかったが、仕事運もさらに上昇したのである。

利害関係を抜きにして魅力的な人達と出会い続ける生活が、ここまで自分を変えてくれたのだ。

私は今の自分の心の状態が大好きである。関わる人を愛し、そして自分を愛せている。

私は今、「あること」を念じている。それは、関わった人々が充実した人生を送り、それぞれが輝き、望む人はスーパースターになればいいと本心から思っている。

調和された心で、さらなる出会いへの期待も日々胸に抱いている。

仮に、ありあまるお金を得て、「もう稼がなくてもいい」もし自分がそういう状況になったとしても、私自身、このイベントを毎週、毎週続けると思う。毎日、毎週出会い続ける。

自分が魅力を感じる人との出会いは、それだけ美味であり、快楽なのだ。

本書はもちろん一部取材もあるが、**7割は私の実体験**である。

自らの体を使った、言ってみれば「人体実験」の結果である。40代、働き盛りの男性が、毎週毎週魅力ある人と出会い続けるイベントを開催し、実際に出会い続けたらどうなるか？　その経過や結果を1年半の年月をかけて観察してまとめたものである。

内面、ビジネス面、運気、生きる意味――実際の変化を、さまざまな角度からレポートしたつもりだ。本書には私自身の最新の活動データがふんだんにちりばめられている。

私の話は、もうこれぐらいでいい。

次はあなたの番だ。

本書の内容を実行すれば、大好きな人達が増えるだけではない。生きることを楽しむ自分を認め、尊敬し、そして愛することができる。

これは人間としてもっとも幸せなことではないだろうか？

いくらお金があっても、自分を愛せない人になってしまっては意味がない。

成功しても心を病んで、毎日がちっとも楽しくないでは本末転倒だ。自分にも周囲にもいいことなんかない。

誰もが知っているがほとんどの人がやっていない、あるいは断念している、この「生活習慣」を継続し、ぜひ自分のものにしていただきたいと思う。

約束しよう。

このたったひとつのことが、あなたの「人生の地図」を大きく変える。

さらにはあなたの心のなかも大きく変えるだろう。

自分で自分の出会い生活のシナリオを描いたら、まずは私が関係する各種イベントやコミュニティに参加してみるのもいいだろう。

あなたの前途洋々な未来を信じている。

ともに出会い続け、一度きりの人生をぜひとも有意義なものに広げていこう。

潮凪洋介

【著者略歴】
潮凪洋介（しおなぎ・ようすけ）
エッセイスト・講演家・イベントプロデューサー。「もういい人になるのはやめなさい」（KADOKAWA）、「バカになれる男の魅力」（三笠書房）、「男が大切にしたいと思う女性50のルール」（三笠書房）がベストセラーに。2015年までに50冊の著書を執筆。その傍ら毎週木曜日に「大人の海辺の社交場　芝浦ハーバーラウンジ」を開催。年間3000人が参加。東京目黒区にはクリエーターの交流と化学反応の場、「目黒クリエーターズハウス」を建設。そのほか「自由人生塾」「著者養成学校　潮凪道場」を主催。読者の学習・スキルアップ・人脈づくりの場を積極的に設けている。現在、株式会社ハートランド代表取締役。早稲田大(社)卒。

◆目黒クリエーターズハウス
http://creators-house.jp/

◆大人の海辺の社交場　芝浦ハーバーラウンジ
http://hl-inc.jp/harbor-party/

◆エッセイスト養成塾　潮凪道場
http://www.hl-inc.jp/essayist/

◆潮凪洋介の自由人生塾
http://hl-inc.jp/freedream/

人生が思い通りになる出会いの魔力

2016年3月1日　第1刷発行

著　者　潮凪洋介
発行者　唐津　隆
発行所　株式会社ビジネス社
〒162-0805　東京都新宿区矢来町114番地
神楽坂高橋ビル5F
電話　03-5227-1602　FAX　03-5227-1603
URL　http://www.business-sha.co.jp

〈印刷・製本〉半七写真印刷工業株式会社
〈編集担当〉本田朋子　〈営業担当〉山口健志

ISBN978-4-8284-1867-4

ビジネス社の本

知識ゼロからの 民泊ビジネス がっちり成功術

鶴岡真緒……著

定価　本体１５００円＋税

ISBN978-4-8284-1866-7

いま注目の副業！

インバウンド旅行客の増加とともに、ニュースや新聞・雑誌などで目にするようになったＡｉｒＢｎＢ［エアビーアンドビー］。一方で、なかなかその実態は伝わってきません。本書では、その実態からスタート方法、そして部屋づくり、見せ方、旅行客との接し方などを含めた稼働率アップのコツを解説。

本書の内容

第１章　自室のたった1室から誰でも即スタートできる！
第２章　ここだけは外せない！誰もが納得できる部屋選びのポイント
第３章　素敵なゲストハウスを作る！
第４章　部屋をきちんと登録してゲストを楽しく迎えよう！
第５章　さらに稼働率がぐーんとアップするコツを大公開！
第６章　基礎から応用まで簡単にわかる超実践的Ｑ＆Ａ15